Miguel Delibes
Mi vida al aire libre

Miguel Delibes

Mi vida
al aire libre

Memorias deportivas
de un hombre sedentario

Ediciones Destino
Colección
Áncora y Delfín
Volumen 638

© Miguel Delibes
© Ediciones Destino, S.A.
Consell de Cent, 425. 08009 Barcelona
Primera edición: octubre 1989
Segunda edición: octubre 1989
Tercera edición: octubre 1989
Cuarta edición: febrero 1990
Quinta edición: abril 1990
ISBN: 84-233-1775-7
Depósito legal: B. 16.524-1990
Impreso por Limpergraf, S.A.
Carrer del Riu, 17. Ripollet del Vallès (Barcelona)
Impreso en España - Printed in Spain

*No puedo meditar sino andando; tan luego
como me detengo, no medito más; mi cabeza
anda al compás de mis pies.*

JEAN-JACQUES ROUSSEAU, *Las confesiones*

*No se debe prestar fe a ningún pensamiento
que no haya nacido al aire libre...*

FRIEDRICH NIETZSCHE, *Ecce Homo*

I. La herencia

A mi padre se le adivinaba la ascendencia europea en su afición al aire libre. No es que fuera un *sportman*, como se decía a comienzos de siglo del señorito ocioso dado a los deportes, pero sí un hombre que con cualquier motivo buscaba el contacto con el campo. Este hecho era raro en España, no sólo a finales del siglo XIX sino en el primer cuarto del siglo XX. El español del 900, ese hombre de cocido, cigarro y casino, relacionaba indefectiblemente la idea de campo con la idea de enfermedad. Fernández Florez hacía humor a su costa y, en una de sus novelas, presentaba a un jefe de negociado, asfixiado por el oxígeno en una excursión a la montaña, que a duras penas conseguía recuperarse bajo la atmósfera de humo provocada artificialmente por sus subalternos. Francisco de Cossío, hombre de cachimba y tertulia, sostenía que el sol y el aire devoraban la salud del hombre lo mismo que decoloraban las batas de percal de las muchachas. Mi padre, pese a pertenecer a la misma generación, tenía un concepto más moderno sobre el particular: la naturaleza era la vida y era preciso conservarla y disfrutarla. Él salía al campo en todas las estaciones del año. Y pese a ser muy sensible a las corrientes de aire (se enfriaba con un soplo) y a tener un oído delicado para cualquier clase de ruidos, lo hacía ligero de ropa y en primavera encontraba un atractivo incomprensible en el monótono y penetrante canto de los grillos. Todavía le recuerdo en los ribazos de Zaratán o en las onduladas siembras de Simancas, agachado en los trigales, reclamando a la codorniz o sacando grillos de sus huras cosquilleándoles con una paja. En casa había una grillera de tres pisos, de seis apartamentos, y en el mes de mayo el albergue se llenaba y los conciertos crepusculares, que enfurecían a los vecinos, reunían para él propiedades no ya gratificadoras sino sedantes. Los alimentaba con lechuga (escogiendo las hojas más frescas de las que mi madre subía del mercado) y al caer la tarde, aquellos bichitos insignificantes habían transformado la verdura en unas bolitas negras, aovadas, la freza, bolitas que delataban su presencia en las pequeñas huras del campo. A su juicio, los franceses estimaban mucho la compañía de los grillos (y quizá fuera cierto) pero nosotros, los españoles que le rodeábamos, no llegábamos a comprender que para él, que le sacaba de quicio el vagido remoto de un niño, comportase algún placer aquel cricrí sin modulaciones, reiterado e interminable.

Yo no tuve conciencia de que mi padre y yo estábamos en el mundo hasta después de haber entrado aquél en la cincuentena. Se había casado maduro (a los cuarenta y dos años) y, habiendo sido yo el tercero de ocho hermanos, cuando le conocí él ya había cumplido los cuarenta y siete. Al alcanzar la edad del discernimiento supe que mi padre sabía nadar como un pez desde la infancia y que de joven había corrido carreras de biciclos en Salamanca y Valladolid con su hermano Luis, don Julio Alonso, don Narciso Alonso Cortés y los hermanos Sigler. Pero cuando me enteré de esto ya no corría porque no había biciclos ni se bañaba en el río ni en el mar porque se enfriaba. En el aspecto deportivo, salvo la caza, la pesca de cangrejos y el paseo, mi padre vivía de recuerdos, procurando transmitir a su prole sus conocimientos, de tal modo que, nos gustase o no, apenas cumplíamos seis años, nos amarraba una soga a la cintura y desde la orilla del río o desde el malecón, si era en el mar, nos lanzaba al agua y nos sostenía con la cuerda un rato cada día hasta que, al cabo de una semana, nos soltábamos a nadar solos. La bicicleta era regalo algo más tardío: ocho o diez años. Y la lección que nos dictaba más sucinta aún que la de la natación. «Pedalea y no mires a la rueda», nos decía. Y nos propinaba un empellón. Al cabo de tres días, con las rodillas laceradas, ya corríamos solos por el Campo Grande.

Mi padre se rebelaba contra el hecho de que un ochenta por ciento de españoles no supieran nadar cuando sabían hacerlo hasta los perros. Con frecuencia solía decir: «Todos los niños deberían aprender a nadar al tiempo que a andar». Y cada verano, cuando leía en el diario la noticia de un niño ahogado, se ponía de mal humor. No se explicaba la dejadez general ante un problema tan importante y sencillo de resolver. En fuerza de hablar de natación, yo, niño, llegué a considerarle, en mi fuero interno, un Johnny Weissmuller un poco más

12

magro y envejecido. Empero su relación con el agua fría, cuando yo tomé conciencia de las cosas, era más bien platónica y ambigua: la amaba, pero la temía; se mezclaban en él la pasión del deportista y el miedo del catarroso. Y lo peor es que a la más tierna edad ya nos transmitía su recelo: baños sí, pero cortos. Aún le recuerdo en la playa de Suances, en Santander, reloj en mano, cronometrando nuestras inmersiones (nunca más de diez minutos) la arena resplandeciente, al fondo la Isla de los Conejos. En cambio, don Julio Alonso, otro campeón de biciclo, dueño de la fábrica de galletas La Isabelita, corpulento y atezado, un auténtico lobo de mar, se zambullía una y otra vez rodeado de una turba de chiquillos sin tener en cuenta el reloj. Don Julio nos enseñaba a bucear, a hacer el muerto y la técnica del *crawl*. A veces, cuando el mar estaba picado, saltábamos junto a él las olas gigantescas y nos sostenía a todos contra su empuje. Era como un dios: dominaba el mar, dominaba la tempestad, dominaba el peligro. Yo, al verle, pensaba en mi padre, en que era una lástima que siendo tan diestro como él no pudiera demostrarlo porque se enfriaba. De ahí nació nuestra secreta aspiración (la de los ocho hermanos): que nuestro padre se bañara y pudiera emular a don

13

Julio Alonso al menos por un día. Este deseo llegó a desazonarnos y en ocasiones, cuando le veíamos de buen humor, como quien no quiere la cosa, le preguntábamos si no pensaba meterse nunca en el mar: «Tal vez algún día —respondía él— pero tendría que hacer mucho, mucho calor». No hay que decir que, si amanecía un día sereno, mis hermanos menores, confundiendo el sol con la temperatura, preguntaban a mi padre si el día no era lo bastante caluroso como para que se bañase. «Aún no; todavía no hace suficiente calor», respondía invariablemente mi padre. Pero ellos insistían una y otra vez y él rehusaba, hasta que un día, cansado sin duda del asedio, se consideró en el deber de concretar: «Únicamente me bañaré el día que haga tanto calor que se asfixien los pájaros». A partir de ese día, nosotros no hacíamos más que observar a los pájaros, los gorriones en los alambres y las gaviotas en el malecón. Pero unos y otras no parecían sentirse indispuestos por mucho que el sol apretase. Entonces empezamos a recelar que el dicho de mi padre era una evasiva para eludir nuestro acoso: los pájaros nunca se asfixiaban a causa del calor, luego nuestro padre nunca se bañaría, jamás podríamos verle competir con don Julio Alonso. Mi padre,

14

que por aquellas fechas rondaría ya los sesenta, bajaba ordinariamente a la playa con chaqueta y chaleco de la misma tela pero, aquel año, las temperaturas empezaron a subir a primeros de agosto con tanta intensidad que, ante nuestro asombro, un día se despojó de la americana, el siguiente del chaleco y, por último, de los zapatos y los calcetines, de forma que seguía nuestras evoluciones en el agua, con los pies descalzos, reloj en mano, los pantalones arremangados, en camisa y tirantes. La temperatura seguía sin ceder, de manera que por las tardes permanecíamos en casa, con las verdes persianas bajadas, oyendo las piadas agobiadas de los gorriones en las acacias del chalé contiguo. Al tercer día, mi hermano menor, al oír el pío-pío lastimero de los pájaros, miró a mi padre y le dijo con sonrisa intencionada: «¿Por qué cantarán así los pájaros?». Mi padre la cazó al vuelo y respondió sin vacilar: «¿Quién sabe? A lo mejor se están asfixiando». Y como mi hermano continuara interrogándole con la mirada, añadió: «Si el tiempo sigue así, mañana me bañaré».

Al caer el sol, salió de compras con mi madre, mientras los hermanos comentábamos excitados la novedad: «Papá se va a bañar mañana, ¿qué dirá don Julio?». Pero

don Julio no tuvo oportunidad de decir
nada, porque mi padre y mi madre mar-
charon lejos del bullicio, a la vera del espigón, y, una vez allí, mi padre se desprendió
de su albornoz y apareció con un bañador
listado de azul, de media manga, comprado
la tarde anterior, se metió en el mar, des-
carnado y cauteloso, y cuando el agua le alcanzó la cintura, se acuclilló y se puso a nadar, con una braza académica, aburrida,
fría, poco excitante, resoplando a cada bra-
zada como una locomotora. Y cuando dos
minutos más tarde salió del agua, tan blanco, tan delgadito y anticuado, con sus brazos entecos sin bíceps, y mi madre le ayudó
a ponerse el albornoz, los hermanos nos miramos un poco abochornados; pero Adolfo,
el mayor, dijo en una tentativa de restaurar
nuestra moral:

—A braza nada mejor que don Julio.

Y yo, que no entendía de estilos, me sentí
muy confortado con sus palabras y exclamé
en plena exaltación:

—Si no se enfriase podría ir nadando
hasta la Isla de los Conejos.

Pero mi padre, antes que ciclista y nadador, fue cazador y sobre todo un hombre
campero. Desde muy niño le recuerdo pre-
parando los trebejos de caza las tardes de
los sábados: una escopeta inglesa que ha-

bía adquirido a principios de siglo de segunda mano por mil pesetas (esto de las mil pesetas sonaba entonces, en aquella época y en una casa donde no sobraba el dinero, a dispendio), una canana de buen cuero desgastada por el uso, un morral almidonado por la sangre y la orina de los conejos, un abrigo verde, peludo, de tacto muy cariñoso, unos leguis marrones, que se abrochaban arriba y abajo con hebillas, y un sombrero de alas caídas, de mezclilla, informe, muy deportivo. A las siete de la mañana del domingo, mi padre ya estaba en danza, nos despertaba a los acompañantes y nos íbamos todos juntos a por el perro y el Cafetín, un viejo Chevrolet, de color de la canela, altaricón y aristado, que se guardaba en los locales de la Agencia. Una vez en él, y a una velocidad no superior a los 40 kilómetros por hora, nos trasladábamos al monte de Valdés, en el término de La Mudarra, en plena Tierra de Campos. Como el monte distaba 30 kilómetros de la ciudad, el viaje se prolongaba una hora, una hora destemplada, con las solapas de los abrigos subidas, sentados sobre las propias manos para calentarlas con la presión del trasero. Mi padre, envuelto en su peludo abrigo verde, conducía mal. Tenía un temperamento nervioso y no le iba la mecánica. Frenaba a

17

menudo y sin tiento (entonces circulaban aún muchos carros) y no desembragaba a fondo, de manera que al cambiar de marcha, la caja arañaba con un ruido de cadenas arrastradas que producía el efecto de que el coche alazán iba a desintegrarse. No se esforzaba en hacerlo mejor porque esto del automovilismo no lo consideraba un deporte (afirmaba que el deporte lo hacía el automóvil que era el que corría) y nunca le cautivó. Y tan pronto mi hermano Adolfo, el primogénito, que, por el contrario, era muy aficionado a los coches y muy sensible de remos, cumplió nueve años, le puso al volante y en lo sucesivo fue nuestro chófer. En aquel tiempo no existían guardias de tráfico porque no lo había, no había tráfico quiero decir, de modo que la figurilla de mi hermano, sentado en el borde del asiento para alcanzar a los pedales, no escandalizaba a nadie. Sí recuerdo que la carretera estaba infame y mi padre, junto al conductor, sujetaba entre las rodillas el bidón de gasolina de repuesto, para evitar que se le derramase en las botas. (Esto del bidón también tiene su historia, que a lo mejor cuento más adelante.)

Mi padre era un perfecto cazador deportivo. Un cazador a salto, de perro y morral, que sabía disfrutar de la naturaleza como

18

nadie. Aún le recuerdo armando la escopeta en el calvero donde estacionábamos el coche, en pleno monte, junto a un pozo y un abrevadero de ovejas; a la derecha una corpulenta encina centenaria.

—¿Qué? ¿Quién se viene conmigo?

A veces le acompañábamos uno, a veces dos, a veces ninguno. Se nos hacía tediosa aquella caminata en silencio, sin poder enredar con el perro, si es caso vislumbrando entre las carrascas, de tarde en tarde, la silueta fugaz de un conejo. Evoco el silencio del monte, un silencio seco, transparente, al que las fumaradas del aliento espesaban. De tiempo en tiempo, el graznido destemplado de una corneja. Las mañanas en que la bruma levantaba nos sorprendía de pronto el *coreché* de una perdiz. Si saltaba el viento, gemían las carrascas y las ramas de las atalayas entrechocaban y alguna se quebraba. Pero de ordinario, los días de invierno en la Meseta eran fríos, quedos, nublos, una película de escarcha en las jaras y los tomillos. Y en aquel silencio congelado se movía mi padre lentamente, silbaba al perro, registraba mata por mata, la moquita brillándole en la punta de la nariz. Y nosotros caminábamos tras él, hacíamos un alto cuando él se detenía, el morral en bandolera golpeándonos las pantorrillas al andar. El aire olía a hielo y al humo distante de los carboneros del picón. Y, de repente, resonaba la detonación, el monte parecía estallar, mi padre llamaba al perro a voces, lo azuzaba, lo ponía apresuradamente en la pista, y el *Boby* zarceaba, iba y venía, desaparecía y, al cabo de un rato, regresaba, alegre, cogitabundo, con el conejo atravesado en la boca. Mi padre le acariciaba la cabeza, e intercambiaba con él unas miradas afectuosas e inteligentes que nunca he olvidado. Luego oprimía —mi padre— el vientre blanco del conejo para que orinase y nos lo entregaba para que lo guardásemos en el morral.

—Ojo, no vayáis a perderlo.

El recuerdo más tierno que guardo de mi padre (mi padre no era muy niñero, ni dado a demostraciones convencionales de cariño) es allí, en el monte, solo, alto, delgado, el perro a la vera, las alas del sombrero de mezclilla sobre los ojos, la escopeta en guardia baja, atento, alerta, como Ortega exigía del cazador. Se le adivinaba en su medio, tranquilo, respirando regularmente, una aromática ramita de tomillo en el ojal de la solapa y una pluma de perdiz en la cinta del sombrero. Al acecho.

Nunca se enroló mi padre en cacerías multitudinarias, ni siquiera de grupo, ni siquiera, si me apuran, de pareja. La caza era para él un rito solitario. Le placía cazar sin compañía, sin testigos de sus afanes, saborear el despertar del día, escuchar el silencio, respirar el frío de la escarcha, crearse su propia suerte. Se armaba rápidamente y era diestro en el tiro a tenazón. Raro era el día en que no aculaba ocho o diez conejitos en el morral, más una perdiz o una liebre para ilustrarlo. Su concentración en el monte era absoluta. Y este ensimismamiento era lo que nosotros, los niños, no soportábamos. La caza exigía excesiva formalidad. Únicamente el perro, olfateando aquí y allá, indagando en los vivares, mirándole de vez en cuando, parecía estar a su altura.

Mi padre crió varios perros pero algunos le duraron tan poco tiempo que ni recuerdo sus nombres. El que coloco a su lado cada vez que evoco su imagen de cazador es el *Boby*, un perrazo perdiguero, rojo y negro, bello y de mucha fuerza. De vientos finísimos, mi padre no podía sujetarlo cuando cogía el rastro de las perdices. Y si las volaba largas, fuera de tiro, le propinaba puntapiés en el trasero, hasta que el *Boby* se tumbaba en el suelo, dos patas en alto, amustiaba los ojos y emitía unos histriónicos quejidos de incomprendido. Creo que el

21

Boby, con todos sus defectos, fue el mejor perro que tuvo mi padre, el de más bella lámina y el más cazador. Yo le rememoro especialmente durante las temporadas de codorniz, en la vega de la Sinoba o en los páramos de Quintanilla. Tomaba los vientos de largo, husmeaba con tesón, el morro a ras de tierra, a veces más de cien metros, hasta que daba con el pájaro. Ante su proximidad, el *Boby* levantaba el hocico, acortaba el paso (un paso que se hacía lento, florido, achulado como el de los toreros en algunos lances de adorno) y así se iba acercando poco a poco hasta hacer la muestra. Mis hermanos y yo, descubríamos con frecuencia a la codorniz antes de arrancarse, asustada a la sombra de una morena, semicubierta por una hierbecita insignificante, y el *Boby*, que yo creo que también la veía, alzaba sumisamente la mirada hasta mi padre como solicitando su venia. Mi padre le hacía un gesto mínimo con la cabeza o le estimulaba con algunas pocas palabras entre dientes y entonces el *Boby* volaba el pájaro, y una vez abatido, así cayera en el arroyo, en lo sucio, nunca se resistía a su poderosa nariz, hacía la cobra, y volvía junto a mi padre con el pájaro en la boca, invisible entre sus belfos colgantes, y se lo entregaba sin machucarle una pluma. El

22

Boby murió de viejo, y lo enterramos en el patio de la Agencia, el túmulo presidido por una cruz de palos. Creo recordar que la *Ina*, roja y negra también, pero con una veta de perro corrillero aportada sin duda por la madre, era hija o nieta del *Boby*, pero ni su estampa ni su temperamento tenían nada que ver con él. Era una perrilla de labor que a mi hermana Concha y a mí nos desagradaba porque arrufaba si nos acercábamos a ella mientras comía, cosa que jamás hicieron otros perros.

Pero hubo épocas en que mi padre no tuvo perro. Entonces solía buscarlos en la calle, perros sin amo, perros de ciego o guardianes de obra. Del mismo modo que no le agradaba compartir la caza con nadie, no concebía subir al monte sin perro. Esto le inducía a alquilar por un día un perro lazarillo, o a secuestrar en el Cafetín al primer perro vagabundo que encontráramos el domingo olisqueando las basuras. Generalmente eran perros mil leches, descastados, sin una idea definida de lo que era la caza.

—Eso no importa, hijo. Lo que hace falta es que mueva el monte.

Y, en efecto, solían mover el monte pero a veces se asustaban con las detonaciones y salían pitando por el sardón para no volver a aparecer. Estas defecciones, muy corrientes en los canes, se producían también entre nosotros.

—¿Hoy no me acompaña nadie? Está bien, pero tened cuidado con el pozo.

Nos quedábamos en el calvero, rodeados de matas, aislados del mundo, felices, el pozo junto al abrevadero, los camales de la encina grande al alcance de nuestras manos. Trepábamos por ella, nos instalábamos cada uno en una rama, sacábamos agua del pozo y la bebíamos directamente del cubo, los dientes pasados de frío. Después jugábamos a la pelota o al escondite entre las matas, hasta que sobre la una y media o las dos aparecía mi padre. Corríamos hacia él e inspeccionábamos impacientes el morral: dos, tres, cuatro gazapos.

—¿Has visto pocos?

—Pocos. El monte está húmedo y el animal no encama. Están embardados.

Comía mi padre sentado en la piedra del abrevadero, sobre el morral para no enfriarse el trasero. Comidas que recuerdo frugales como las de un pájaro: una loncha de jamón transparente, otra de queso de bola, un panecillo de cinco céntimos al que quitaba la miga, y un botellín de leche de vaca. Al terminar, volvía a marchar, otra vueltecita, hasta que la tarde caía y, sobre la línea brumosa del horizonte, se extendía la franja roja del sol poniente.

Con el paso de los años, mi padre me regaló una escopetilla de 12 milímetros. Los cartuchos eran de inocente apariencia pero hacían daño (con ellos derribé mi primera perdiz, varias codornices y un montón de avefrías, a calzón quieto). En aquel tiempo solía quedarme en los alrededores de la casa de labor (una casona blanca, con carros y remolques en la socarreña y, en la trasera, un patio inmenso donde se oxidaban los aperos y humeaban los montones de estiércol) tirando a las cogujadas que, no recuerdo por inspiración de quién o por qué motivo, llamábamos de chicos *pajarotas*. Ésa fue la primera sangre inocente que vertí, pero mi padre, seguramente con objeto de dar al arma un alcance más deportivo, pidió un día prestados unos espejuelos (artilugio de madera con redondos cristalitos incrustados, capaz de girar sobre un eje que se accionaba a distancia mediante una cuerda) para atraer a los nutridos bandos de calandrias que merodeaban por los rastrojos del caserío y que, según decían, acudían al engaño creyendo que era agua. Desgraciadamente, nunca supe manejar el señuelo con destreza. Los cordeles se me enredaban, el espejuelo giraba hacia un lado y se atascaba, de forma que yo salía y entraba en el escondrijo tantas veces que acabé ahuyentando a las calandrias fuera de la provincia.

Un día encarecí a mi padre que me dejara acompañarle con la escopetilla. Aunque no lo manifestara, en el fondo de mi alma alentaba la esperanza de derribar un conejo a la carrera delante de mi progenitor. No hubo de qué, claro. Disparé dos o tres tiros a otros tantos gazapos pero debieron escapar muertos de risa con los perdigones a dos metros de sus rabos. Los conejos, regateando entre las jaras, no eran tan fáciles de abatir como las cogujadas. Las matas se interponían entre mi padre y yo y algunos conejos atravesaban los claros tan raudos que no me daban tiempo ni de encararme la carabina. Pero de pronto, sentí una detonación seca a mi derecha y simultáneamente un latigazo en la mejilla. Levanté la mano y la retiré ensangrentada.

—¡Me has dado! —grité, asustado.

—¿Cómo dices?

—¡Que me has dado! —repetí con acento melodramático.

Mi padre, quien a veces me parecía frío y distante, asomó demudado entre las carrascas. Su interés patético me enterneció.

—¿Ha sido mucho, hijo? ¿Ha sido mucho?

No era más que un perdigón rebotado, desviado por un bogal, perdigón que mi propio padre extrajo presionando con los pulgares, como si fuera una espinilla, pero para él, cuya prudencia con la escopeta era extremada, el accidente constituyó un motivo de disgusto.

Pero no se me va de la memoria un día de frío intenso, antes de disponer de la escopetilla de 12 milímetros, mis hermanos y yo congregados en el claro del abrevadero, el Cafetín bajo la atalaya, el abrigo verde de mi padre sobre el radiador para evitar que se helara el agua. Espaciadamente se escuchaba algún disparo, pero aunque el día crecía, también el frío parecía ir en aumento y el cierzo arreciaba. Entonces uno de mis hermanos concibió la idea de hacer una hoguera como las de los carboneros.

—Venga, vamos a buscar leña.

Nos dispersamos por el sardón. Sobre el periódico del día logramos apilar un buen montón de palos secos. No obstante, la carama los había humecido y el zarzagán apagaba los fósforos antes de que llegaran a prender. A fuerza de insistir conseguimos unas ascuas pero no que brotara la llama. Creo que fui yo el autor de la feliz idea.

—¡El bidón! ¿Por qué no echamos un poco de gasolina del bidón?

El asentimiento fue unánime. La gasolina del bidón era la única capaz de hacer arder la chamarasca amontonada. Mi hermano Adolfo dirigía la operación, y aunque ni él ni nosotros, sus ayudantes, advertimos las pequeñas brasas bajo la pila de leña, al levantar el bidón para que cayera la gasolina, la llamarada subió chorrito arriba hasta alcanzar las manos de mi hermano, quien rápido como el viento arrojó el bidón al abrevadero. La gasolina ardía furiosamente por todas partes, amenazaba al Cafetín y gracias a mi hermano Adolfo, que pese a su corta edad ya conducía y lo separó de las llamas, no se quemó también.

Durante el tiempo que se prolongó la espera, ya no sentíamos el frío, y cuando mi padre apareció nos echamos a temblar. Lo primero que advirtió fue el bidón calcinado entre el hielo roto del abrevadero, luego el cenizal, el coche fuera de su sitio acostumbrado, el olor a chamusquina.

—¿Qué ha pasado? —miraba hacia el coche, luego la escoria—. ¿Qué habéis quemado aquí?

Los cuatro titubeábamos y cuando, al fin, le contamos lo ocurrido, más asustado aún por lo que podía haber pasado que por lo verdaderamente acaecido, resolvió el pleito con cuatro voces destempladas y cuatro pescozones. Después, al regresar a casa, no me parecía verle tan enfadado como el asunto merecía, pero hasta que no abrió el morral, no me di cuenta del motivo de su conformidad: había cazado dos chochas, pieza rara que él estimaba mucho. La repercusión de los éxitos y de los fracasos cinegéticos en su humor era manifiesta. Mi padre hablaba poco y se enfadaba menos pero las pocas veces que se enfadaba en casa seguro que andaba por medio la política o la caza. La Izquierda Liberal de Alba era intocable (mi madre, más conservadora, le atacaba por este motivo), y la chochaperdiz el pájaro más goloso de cuantos hacían temporada en nuestros sardones. Y si el día del fuego nos salvamos de un escarmiento ejemplar a causa de las dos sordas, no es difícil imaginar la que se armó en casa el día en que mi madre, acuciada por otros quehaceres, dejó asurar en el horno una chocha, la única que mi padre había cazado en toda la temporada. Este incidente de la becada, la muerte de un cachorrillo de *pointer* al caer por entre los barrotes de la galería y la pérdida del guardamanos de la escopeta en un descuido de mi hermano Adolfo, provocaron las tres sofoquinas cul-

29

minantes de mi padre, lo que revela que las contrariedades derivadas de la caza le afectaban más que las derivadas de cualquier otra actividad, incluso las que pudiéramos llamar profesionales.

Pero he mencionado el Cafetín muy de pasada, cuando, en realidad, le gustase mucho o poco, el automovilismo fue otra de las actividades deportivas de mi padre. Ya he dicho que no era buen conductor (era hombre de mano dura, apremiado, nervioso), lo que no he dicho es que el coche no era de su propiedad sino de la Agencia de automóviles que compartía con mi tío Luis. Aficionados ambos al biciclo, lo fueron también al automóvil cuando se inventó el motor de explosión. Entonces crearon la Agencia Ford en la Travesía de Muro, en Valladolid, y en ella se vendieron los primeros *fotingos* que circularon por la ciudad. Más adelante, representaron a la General Motors, y el *forito* fue sustituido por el Cafetín, el Chevrolet de caja cuadrada en el que íbamos a cazar. Esto aporta ya alguna luz sobre la razón de ser del bidón de repuesto. A mi padre se le antojaba un exceso de liberalidad dejar el domingo tres o cuatro litros de gasolina en el depósito para que el lunes los malgastasen sus sobrinos paseándose. Y a los sobrinos les molestaba dejarlos el sábado para que al día siguiente su tío los quemase tranquilamente yéndose a cazar conejos. Yo no tengo por codiciosas a ninguna de las dos familias pero se conoce que entonces se hilaba más fino o estos rasgos de desprendimiento eran inimaginables. Lo que recuerdo bien es que el Cafetín no se calentaba hasta después de subir el puertecillo de Villanubla. Era más frío que el biciclo. A veces, después de doblar una esquina a una velocidad corta, el coche daba dos carneradas, se ahogaba y era necesario volver a arrancarlo con manivela. Por aquel tiempo, el *tren burra* (un trenecito como de juguete, que hacía el servicio con Medina de Rioseco y en cuya locomotora se acomodaba un hombre con una corneta y una bandera roja para advertir al vecindario del peligro) discurría, a lo largo de dos o tres kilómetros, por las calles de la ciudad, con lo que el hombrecillo del cornetín arriesgaba cada día los pulmones en el recorrido urbano: Puente Mayor, las Moreras, Paseo de Zorrilla y calle de Gabilondo. Como nuestro itinerario de caza coincidía, más o menos, con el del *tren burra* había un momento en que se hacía preciso cruzar la vía. A mi padre esto le desazonaba y apenas arribábamos a la Plaza del Poniente, desaceleraba, bajaba el vidrio de su portezuela y reclamaba nuestro concurso:

—Mirad, a ver si viene el tren.

—No viene —respondíamos a coro.

Y, entonces, mi padre, confiado, atravesaba las vías, afrontaba el último tramo del Paseo de las Moreras, franqueaba el Puente Mayor, abocaba el puertecillo de Villanubla y el Cafetín, caliente ya y traqueteante, no paraba hasta alcanzar el calvero del monte de Valdés. Pero un domingo, al preguntarnos mi padre como de costumbre si venía el tren, mi hermana Concha, en lugar de tranquilizarle, dijo imprudentemente:

—Viene, pero muy lejos.

Oír mi padre la palabra *viene* y empezar el Cafetín a dar tirones, fue todo uno. Y tan apurado entró en la vía el pobre que no logró salir de ella. Dio dos tirones más y quedó en medio, atravesado sobre los carriles. En principio mi padre no se arredró. Miraba de soslayo al tren lejano y tiraba del botón de la puesta en marcha. Pero el motor no rompía, no nos esperanzaba con la más mínima explosión. Insistió varias veces, pero cuando vio que el hombre de la corneta se incorporaba en el tope de la locomotora y lanzaba el primer aviso, empezó a ponerse nervioso.

—Esto no arranca.

Sonó, todavía distante pero con una estridencia inhabitual, el segundo pitido y entonces mi padre perdió la serenidad. Aún hizo varios intentos por arrancar el coche pero, cuanto más agudo sonaba el cornetín, más precipitados eran sus movimientos. Mientras tanto el *tren burra* seguía avanzando y el hombre del cornetín, además de pitar, agitaba ahora como un loco la banderola. Seguramente mi padre pensaría en su hermano, en la Agencia y en el bidón, antes de dar la voz de alarma:

—¡Rápido, todo el mundo abajo!

Mas no había contado con el azoramiento de última hora. El Chevrolet únicamente tenía dos puertas, pero ni mi padre ni nosotros acertábamos a abrir ninguna. Tengo para mí que el pitido de la corneta, al actuar sobre nuestros mecanismos nerviosos, resultaba contraproducente, pero tampoco era cosa de decirle al señor que la tocaba que se callase. Total, que los frenos del *tren burra* chirriaron cuando la gente joven y el *Boby* tratábamos de escapar por las ventanillas. Y allí quedó la pequeña locomotora, inmóvil, a veinte metros del coche, bufando, proyectando chorros de vapor por los costados. El hombre de la corneta venía hacia el Cafetín enarbolando el palo de la bandera, pero el maquinista que también se había apeado (y que, según nos dijo después mi padre, tenía un hijo estudiando en la Escuela de Comercio, donde él era director) le adelantó en cuatro trancos, le apartó y nos lanzó la sonrisa más dulce y comprensiva que uno pueda imaginarse.

—Buenos días, don Adolfo. ¿Qué, no arranca el coche?

—No arranca, no señor. Se ha calado y no hay manera de hacerle entrar en razón.

—Aguarde un momento que le echamos una manita.

En un periquete quitaron el coche de la vía y continuaron empujándolo hasta que el motor petardeó y el Cafetín salió corriendo alegremente hacia el Puente Mayor. Mi padre, temeroso de que si reducía la velocidad volviera a calarse, agitaba la mano agradecida por la ventanilla diciendo adiós, mientras el maquinista, ante su asombrado compañero, hacía bocina con las dos manos y voceaba a voz en cuello:

—¡Que pinte bien, don Adolfo! ¡Que tengan un buen día!

Esto ocurría cuando los inventos del hombre estaban todavía controlados por su voluntad. Más tarde, los trenes dejaron de parar porque un coche se detuviera en la vía y empezó esa cruenta enfermedad conocida con el nombre de accidentes de tráfico. Otra enfermedad grave, la guerra civil, que autorizaba a disparar contra los hombres pero prohibía hacerlo contra los conejos, cortó la relación semanal de mi padre con el monte de Valdés. Tuvo que enfundar la escopeta. Esto no mitigó su pasión por la naturaleza, pero ahora, desguazado el Cafetín y requisado el Seis Cilindros, se llegaba a las afueras de la ciudad unas veces a pie y otras andando. Y cuando la contienda terminó, sin coches y sin gasolina, se trasladaba a Viana de Cega a buscar la liebre en un tren de cercanías, con el perro de algún ciego entre las piernas. Los revisores (si es que no tenían algún hijo estudiando en la Escuela de Comercio) le llamaban la atención, pero él, ante todo un ciudadano disciplinado, pedía excusas y salía con el can a la plataforma descubierta del furgón de cola y se abrochaba el botón del cuello del peludo gabán verde para no enfriarse la garganta.

II. Una larga carrera de futbolista

Sin duda el amor por la naturaleza y la proclividad al aire libre nos viene a los Delibes por línea paterna, tal vez de la Gascuña. Yo asumí esta inclinación para llenar mis ocios, pero mis hijos hicieron de ella medio de vida: cuatro biólogos y un arqueólogo salieron de una camada de siete hermanos. Ahora bien, en mi caso, esta actitud saludable, ¿por qué cauces se orientó? Yo creo que mi primera afición deportiva, asumida como pasión, como auténtica pasión desordenada, fue el fútbol. Antes aprendí a nadar, a montar en bicicleta y, como se ha visto, acompañaba a mi padre de morralero en sus excursiones cinegéticas, pero ni la natación, ni la bicicleta, ni la caza tiraron de mí con la fuerza con que lo hizo el fútbol a los ocho o nueve años. Un fútbol en principio teórico, periodístico, de resultados y clasificaciones; un poco lo que fue el ciclismo hasta que la televisión nos acercó las imágenes de los *routiers* y pudimos admirar su esfuerzo. Y ¿cómo nació esta pasión tan grande en una criatura tan pequeña? Yo sospecho que estas pasiones infantiles brotan, en principio, de un amor desmedido por la patria chica, hacia los que estima sus representantes, y una gratuita actitud de hostilidad hacia el forastero. Una especie de xenofobia pueblerina nos poseía a los párvulos del primer tercio de siglo. Esto quiere decir que yo fui *hincha* antes que aficionado. Anteponía al espectáculo el triunfo de mi equipo, el Real Valladolid Deportivo. Y hasta tal punto vivía sus peripecias de corazón que, de muy niño, hacía solemnes promesas al Todopoderoso si el Real Valladolid salía victorioso en Las Gaunas o El Infierniño. En cambio, cuando jugaba en casa, me parecía que bastaban mi aplauso y mis voces de aliento para triunfar y no iba con embajadas al Todopoderoso. Pero mi pasión futbolística no se detuvo ahí. El Real Valladolid era un equipo modesto de tercera división, y mi afición desbordada no respetó estos límites y se extendió a las divisiones superiores. No creo haber sido nunca un memorión. He disfrutado de unas facultades de retención rápidas, pero superficiales, es decir, tal retención duraba cinco minutos. Por ejemplo, en la escuela, era el primero en aprenderme el vocabulario de francés, pero a la semana siguiente no recordaba ya ni una sola de las palabras aprendidas. Pues bien, la actividad mnemotécnica que desarrollé a cuenta del fútbol no tuvo parangón en mi vida hasta que oposité a cátedras de Derecho Mercantil y me aprendí el Código de Comercio de memoria. Hoy no sabría repetir un solo artículo de los casi mil que tenía aquel Código. En cambio, de mis conocimientos futbolísticos todavía quedan vestigios cincuenta y cinco años después. Hubo un tiempo en que yo recitaba al dedillo las alineaciones de los equipos de primera, segunda y tercera división. Conocía el nombre de sus campos, de sus entrenadores, de los jugadores reservas e, incluso, recordaba perfectamente los resultados de los encuentros jugados durante las tres últimas temporadas en las tres divisiones españolas. Esto demuestra las posibilidades de un niño de diez años cuando pone empeño en un asunto, pero mis facultades dejarán de admirar a nadie, si añado que mis hermanos José Ramón y Federico, varios años menores que yo, eran capaces de los mismos alardes de memoria.

Antes de empezar a frecuentar el fútbol como espectáculo, nos recuerdo a los tres las tardes de los domingos yendo a ver los resultados de los partidos a Casa Baticón, en los soportales de Cebadería, en la Plaza Mayor. Nos bastaba un vistazo a la pizarra para retener las cifras. Luego regresábamos comentando las sorpresas de la jornada y, de nuevo en casa, nos entreteníamos preguntándonos uno a otro los tanteos de esos mismos partidos en las dos temporadas anteriores, con la particularidad de que en rarísimas ocasiones fallábamos la respuesta. Es claro que si yo hubiese puesto la mitad del interés que puse en el fútbol en la química o las matemáticas, otro gallo me hubiera cantado, pero no fue así. A mí lo que me exaltaba era el fútbol y ávido de darle una categoría científica, inventé la primera teoría, que formulé con terminología de ley en 1932: el equipo que después de perder en casa visita a otro que viene de ganar fuera, si no se alza con el triunfo sumará al menos uno de los dos puntos en litigio. Consideraba esta ley fruto de la observación, como todas las grandes leyes científicas que rigen la vida y el universo, y me jactaba de ella. El fútbol era una cosa muy seria puesto que admitía su vertebración en leyes. Y como esta formulación encerraba buena parte de verdad, en el colegio me dio nombradía y, diez años más tarde, el cronista deportivo de *El Norte de Castilla*, al hacer los pronósticos del sábado mencionaba la ley Delibes como un físico mencionaría a Newton al hablar de la gravitación universal.

Ya indiqué más arriba que estas cosas aprendidas por gusto se pegan más a la memoria que las aprendidas por obligación. Así, hoy no sabría citar un solo párrafo de las disciplinas que estudiaba entonces, y, en cambio, todavía puedo repetir de carrerilla no ya el equipo del Real Madrid de los Regueiro y Zamora, ni el del Valladolid —que era el mío— de Irigoyen, Ochandiano y Luisón, que eso era fácil, sino el del Athlétic de Bilbao (Blasco, Castellanos, Urquizu; Cilaurren, Muguerza, Roberto; Lafuente, Iraragorri, Bata, Chirri y Gorostiza) o el Valencia F.C. (Nebot, Torregaray, Pasarín; Abdón, Molina, Conde; Torredeflot, Cubells, Vilanova, Costa y Sánchez) o la delantera del Real Oviedo de entonces: Casuco, Gallart, Lángara, Galé e Inciarte. La memoria deja estos rescoldos en las cosas aprendidas con amor, unos flecos sobre los que nadie va a pedirnos cuentas pero que precisamente por eso no olvidaremos nunca. De manera análoga aprendía fragmentos de crónicas o pies de fotografías que por alguna misteriosa razón he retenido hasta hoy. Ahora recuerdo una caricatura del Sañudo anterior a la guerra civil, es decir, de cuando yo contaría doce o trece años, cuyo pie decía textualmente así: «Fernando Alfonso Sañudo, restablecido de la lesión que el pasado domingo le causó Municha, se alineará esta tarde en el vértice del ataque local». No recuerdo bien de dónde era Municha, si del Osasuna, del Logroñés, del Zaragoza o de qué equipo, pero sí de que, con Sañudo, jugaban en la delantera vallisoletana, Cimiano, Susaeta, Escudero y Álamo. También recuerdo nombres de equipos hoy desaparecidos o devaluados (el Nacional, la Ferroviaria, el Real Unión) e incluso resultados que, por una u otra razón, me impresionaron entonces como el 1-2 del Celta que nos cerró el camino a la segunda división en mil novecientos treinta y pocos o el 8-2 al Sporting de Gijón, jugando un martes en el primer Zorrilla debido a la aparatosa nevada caída el domingo señalado para el partido.

Pero yo no me limité a ser un teórico del fútbol. Mi afición tuvo manifestaciones prácticas como las de espectador y jugador. De mi primera etapa como espectador, anterior a 1934, conservo en la memoria imágenes imborrables, imágenes más nítidas que las de los goles que haya podido contemplar anteayer en televisión. Recuerdo, pongo por caso, como si fuera hoy a Urreaga o Urtiaga, o un apellido semejante, el cancerbero del Logroñés de los años 30, un jayán de tomo y lomo, que sacaba de puerta con el puño y enviaba al balón hasta más allá de medio campo. Mi compañero de colegio Miguel Ángel Gredilla, con quien nos encontrábamos mis hermanos y yo en la general infantil, se las daba de enterado y nos aclaraba a la salida:

—Natural, ¿no?; en su tierra es campeón de los pelotaris *amateur*.

No decía *amater*, con e cerrada, sino *amateur* con todas las letras, circunstancia que hacía más verosímiles sus inverosímiles saques de puerta. Otra efigie que conservo muy viva es la de Sasá, el guardameta del Avilesino de aquella época, (jersei verde, rodilleras y visera, muy menudo, pero de una agilidad felina). Era tremendamente difícil meterle un gol a Sasá, por lo que cuando se conseguía uno, lo coreábamos con tanto entusiasmo como si se le hubiera hecho a Ricardo Zamora. Y en uno de los

43

partidos más competidos con el Avilesino en el viejísimo Zorrilla ocurrió un acontecimiento memorable: Sasá paró un penalti al gran medio izquierda del Real Valladolid, Pablito López, pero la pelota iba con tanta fuerza que le tronzó la muñeca y tuvo que ser substituido por el portero reserva:

—Pablo López ha partido la mano a Sasá.

—Sasá le paró un penalti a López pero lo ha pagado caro.

El lunes siguiente, el colegio era un hervidero de comentarios. La refulgente leyenda del pequeño cancerbero asturiano alcanzó su culmen. Sasá no sólo le había detenido un penalti a López, sino que, como Cervantes en Lepanto, había perdido una mano en el empeño.

También me siguen siendo familiares los nombres de los hermanos Chacártegui (Chacártegui I y Chacártegui II) defensas del Real Zaragoza, cuyo portero se llamaba Lerín y el delantero centro Anduiza. A Chacártegui II, que se anudaba un pañuelo blanco en la frente, le vi desviar un balón a córner de cabeza, por encima del larguero, con la fuerza de un remate. Era la primera vez que veía una jugada semejante, un verdadero contrasentido futbolístico porque el córner se consideraba en aquel tiempo medio gol. Pero lo que nos chocó no es que

44

Chacártegui II hiciera medio gol, sino la novedad en la táctica defensiva de impulsar el balón contra la propia portería. Esto no se llevaba entonces. En aquel tiempo unos corrían contra el lado derecho del campo y los adversarios contra el lado izquierdo y lanzar un pase hacia atrás o cederle una pelota al propio portero, era una vergonzosa claudicación, casi tan vergonzosa como una derrota.

—¿Habéis visto lo de Chacártegui II?; es un cobarde —comentó escuetamente mi amigo Miguel Ángel Gredilla al salir del estadio.

De este estadio pasé al nuevo Zorrilla, o sea al viejo. Había empezado siendo socio infantil por una peseta y media, cantidad que mi padre se avino a pagar en lugar de las propinas dominicales. Esto es, el sacrificio que hicimos mis hermanos y yo por el fútbol es inimaginable: renunciamos al dinero de bolsillo, a cambio de poder acudir quincenalmente al estadio de la Plaza de Toros. Y esta situación de precariedad, no duró un mes, ni dos, sino que se prolongó durante años. Con el tiempo, como digo, el Real Valladolid cambió de campo. Yo ya no era un niño (la guerra había pasado sobre la ciudad) y no olvido que el nuevo estadio se inauguró con un 4-1 sobre el Arenas de

Guecho con Ispizua de portero. Pero mi condición de espectador no acabó ahí, aunque hubo un tiempo en que tuvimos que compaginar el fútbol con la caza. El caso es que asistí al ascenso de mi Real Valladolid a la segunda división, luego a la primera y, por último, al momento culminante del fútbol vallisoletano en que siete de sus hombres fueron llamados a la selección nacional. Fue aquella época dorada de los Saso, Lesmes I y Lesmes II, Babot, Ortega, Lasala, Coque que empataron a un gol contra el Athlétic de Bilbao en la final de Copa y Zarra nos apabulló en la prórroga con tres goles de cabeza. Los años no me enfriaban. Me empezó a enfriar el hecho de ver a mi alrededor hinchas tan fanáticos como yo lo había sido en el antiguo campo aunque de más edad. Y ya, definitivamente, dejé de asistir al fútbol como espectáculo al aire libre, el día que se decidió que los espectadores, o los futbolistas, o los árbitros o quizá todos deberíamos estar enjaulados como reclusos para evitar agresiones. No obstante, el veneno queda. Y hoy día, cada vez que se anuncia un partido por televisión, procuro resolver mis asuntos para tener libres las dos horas de transmisión. Y hasta tal punto me he habituado a ver el fútbol en pantalla, que el par de veces que me he acercado después a un estadio no me he enterado de nada; en la pradera hay demasiada gente, se mueven todos a la vez, los goles me pillan de sorpresa y cuando espero la repetición desde otro ángulo y ésta no llega, me pongo de mal humor.

Lógicamente un niño con esta sobrecarga balompédica en la cabeza, no tenía más remedio que practicar este deporte. Y lo practiqué. Lo practiqué durante bastantes años, digamos desde los once hasta los cuarenta y cinco. El último partido que jugué en Valladolid fue en un once que improvisamos los periodistas para desafiar al equipo del Circo Feijoo, de los Hermanos Tonetti. Yo entonces tenía novia y la idea de que ella iba a acudir al estadio a verme, me movió, como dicen ahora los futbolistas, a jugar a tope, a dejarme la piel en el campo. Salí, pues, muy decidido, pero en mi primera arrancada, después de driblar al mayor de los Tonetti, me entró un chino malabarista, no recuerdo bien dónde me puso la rodilla, me propinó un leve empellón y yo salí por los aires dando volteretas como proyectado por una ballesta. Quedé malparado, maltrecho, abrumado por un sentimiento de vergüenza que aún hoy, al cabo de cuarenta años, se reaviva cada vez que lo recuerdo.

Dejando esto aparte, los últimos partidos de mi carrera futbolística, es decir de los treinta y cinco a los cuarenta y cinco años, los jugué como portero en el Sedano F.C., mi pueblo de adopción. Allí, únicamente jugaba los veranos, tres o cuatro encuentros, partidos competidos con los equipos de los pueblos próximos (Covanera, Tubilla, Escalada) o con los seminaristas de los jesuitas de Valdelateja, un cuadro muy duro de pelar, donde el ariete Ocaña, digno representante de la furia española, parecía empeñado en meterme a mí con la pelota en el fondo de la red. Yo le advertía a voces, en pleno partido:

—¡Ojo, Ocaña! Ten en cuenta que eso de amar al prójimo como a ti mismo rige también en el fútbol.

Pero él, erre que erre, seguía cargándome, trompicándome, empujándome. Menos mal que el árbitro, José Ignacio Echano, otro veraneante sedanés, protegía mi integridad con el silbato. Especialmente áspero resultaba el tradicional encuentro de las fiestas de la Moreneta, solteros contra casados. Mis defensas, don Salvador, el cura párroco (que por su condición sacerdotal se alineaba con los casados), Boni, el electricista y Gregorio, el herrador, no eran ciertamente cojos, pero la delantera de los solteros, más rauda y menos gastada, los desbordaba con cierta facilidad y, entonces, yo me encontraba solo ante el peligro, abandonaba la puerta y lo más fácil era que mis triquiñuelas de veterano no sirvieran de nada y la jugada terminase en gol. Como los solteros podían dejar de serlo en cualquier momento, los casados hacíamos novenas para que los más diestros y agresivos llevaran a sus novias al altar y al verano siguiente se alinearan con nosotros, pero no siempre nuestras plegarias tuvieron éxito. Alguno, como es de ley, contraía matrimonio pero esto solía coincidir con el retiro de otro de los nuestros, de tal manera que el soñado equilibrio de fuerzas nunca se produjo. Aquellos partidos eran una demostración fehaciente del fútbol rural, sudoroso y entusiasta, valiente y fatalista. Aún recuerdo que en uno de ellos, Alberto, el guardameta de los solteros, recibió una patada en la boca y perdió dos dientes incisivos. El campo, de tierra batida, engulló los dos dientes, desaparecieron del mapa, pero Alberto, que pese a la gravedad de la lesión siguió estoicamente en su puesto, aprovechaba las pausas del ataque adversario para cribar puños de tierra y buscarlos entre los guijos. El partido iba empatado a cuatro, y Rufino Gallo, que abrazaba la causa de los solteros, le fiscalizaba:

—¿Qué buscas, Alberto?

—Mis dientes.

—¡Déjate de dientes ahora y ponte a parar! También jodería que nos fuese a ganar este hatajo de gandules.

Dos dientes, a los veinte años, en la Castilla del Cid y de los Comuneros, eran una minucia comparados con la posibilidad de perder el *derby* anual entre solteros y casados, en las fiestas de la Moreneta.

Pero vayamos al principio. El fútbol, para mí, a los doce años, estaba en todas partes, lo impregnaba todo, era casi como Dios: una presencia constante. De ahí que dispusiera de un fútbol con botones para jugar a escondidas en el pupitre de clase; otro a base de canicas (no el clásico, sino con once canicas debidamente alineadas) para el patio; otro más con pelotas de trapo o de papel para practicarlo con mis hermanos en la galería de casa; otro, con pelota de goma, para jugarlo en los andenes del Campo Grande y, finalmente, el fútbol-fútbol, el fútbol propiamente dicho, con balón ensebado y camisetas para jugarlo en los campos del Colegio, en las Arcas Reales, o en los de nuestros adversarios (los Jesuitas, el Instituto, el Hermano Sobrón o los Huérfanos de Caballería).

Hoy, conocido el *fulbito* o el fútbol-sala, me doy cuenta de que era para este fútbol menor para el que yo estaba dotado. Concebía inteligentemente las jugadas, el pase lo medía, sabía cambiar de ritmo, pero carecía de fuerza para desenvolverme con aquellos ásperos cueros que al menos pesaban dos kilos. Todavía me las arreglaba en el control de la pelota, en el trenzado, en el regate, en el profundo pase al compañero, pero para el remate era una perfecta calamidad y únicamente cuando cogía bien con el empeine un balón a bote pronto podía resolver la situación de manera airosa. Mas, de ordinario, mis disparos a puerta eran follones, flojos, rasos, inofensivos, aunque el verdadero problema con aquellos balones era para mí meter la cabeza. El fútbol se jugaba con los pies pero la cabeza en este deporte no se usaba únicamente para pensar. Bueno, pues a mí me amilanaba interponer mi cabeza en el saque del portero o cuando mis compañeros botaban un córner de un punterazo. Había ocasiones, sin embargo, en que el choque era tan reñido, la disputa tan ardorosa, que me lanzaba a por la pelota como un legionario, saltaba a por ella, y si para mi desgracia acertaba, y para colmo de males la correa con que se cosía la abertura del cuero me golpeaba en la frente, caía al suelo literalmente conmocionado, marcado como una res. Varias veces recuerdo haber recobrado el sentido en brazos de mis compañeros después de haber hecho gol sin enterarme. La contusión era tan formidable que a lo largo de la semana el cerebro se mantenía confuso y dolorido y al jueves siguiente, por si las moscas, me abstenía de meter la cabeza.

Digo el jueves siguiente porque durante once años jugué al fútbol todos los jueves, excepto los de verano, más los martes cuando la clase había hecho méritos como para reunir cincuenta vales de disciplina, más lunes, martes y miércoles de Carnaval. A estos días se podrían añadir los domingos, fuera de la temporada de caza, ya que solíamos aprovechar el asueto para disputar un partido por la mañana y asistir, por las tardes, al de Liga del Real Valladolid. Haciendo excepción del *fulbito*, que jugábamos a diario en el Campo Grande, se puede calcular que yo jugaba cuarenta partidos formales al año. El campo, los campos de juego, distaban cinco kilómetros del colegio y naturalmente íbamos y volvíamos andando, de manera que durante la semana de Carnaval, en tan sólo tres días, jugábamos tres partidos de dos horas o dos horas y media cada uno y caminábamos más de treinta kilómetros para poder hacerlo. Por eso me parece risible que un futbolista profesional, adulto, fuerte, atendido con esmero, entrenado para ser un atleta, esgrima como disculpa que el domingo no rindió porque había disputado otro partido entre semana. Sobre la base de cuarenta partidos anuales más el *fulbito* a diario, me sale una cantidad de horas dedicadas al fútbol verdaderamente apabullante; hay que contarlas por millares. Y con ese tesón y esa aplicación, ¿cómo no llegué a ser una figura? Tal pregunta me la formulo a veces y concluyo que, aparte el miedo a meter la cabeza, me faltaron sin duda condiciones físicas y me sobró un respeto excesivo a la defensa contraria. Siempre me he preguntado por qué los árbitros son más tolerantes con los defensas que con los delanteros y por qué éstos, comparados con aquéllos (salvo en el caso de Ocaña, el seminarista) suelen ser unos fifiriches. Yo, no sé cómo me las arreglaba, pero siempre topaba con un defensor que era una torre, que iba a por todas y despejaba con resolución y sin escrúpulos. Si con la pelota volaba también mi pierna o mi cabeza, mala suerte, para eso estaba la enfermería. En una palabra, no era únicamente meter la cabeza lo que me acoquinaba del fútbol sino la desconsideración de medios y defensas. Por supuesto que en el colegio había muchos pusilánimes como yo, la mayoría. Esto es, muchos que retiraban la cabeza cuando la pelota venía como un obús o que antes que formar en una barrera protectora ante el marco propio se hubieran dejado fusilar. Pero había otros, no ya diestros, sino yo diría físicamente maduros, medio hombres (es probable, ahora que lo pienso, que me llevaran un par de años ya que yo iba adelantado) que soltaban unos zambombazos del demonio, o metían la cabeza sin reparo para interceptar el saque del portero, como ocurría por ejemplo con los internos que, en general, procedían de los pueblos, o los chicos del Colegio de Santiago, para Huérfanos del Arma de Caballería, de cuyas virtudes balompédicas (creo que tenían un gran preparador físico) ya he hablado en otras ocasiones.

De ahí que las cosas me rodaran mejor en los andenes del Campo Grande, con porterías delimitadas con abrigos y una pelota de goma de 0,95. En esos partidos (que eran de fútbol-sala y no lo sabíamos) yo lucía más porque mis recelos desaparecían, podía desarrollar mi concepto del fútbol sin temores y jugaba entre compañeros cuya corpulencia podía parangonarse con la mía. Pero el *fulbito* aún no se había inventado y aquello no era todavía más que un sucedáneo, un inocuo pasatiempo infantil que nadie valoraba.

III. Mi querida bicicleta

Yo no hacía más que dar vueltas por los paseos laterales, a lo largo de la tapia, con regreso por el paseo central, pero, al franquear el cenador con su mesa y sus bancos de piedra, las enredaderas chorreando de las pérgolas, azotándome el rostro, vacilaba, la bicicleta hacía dos eses y estaba a punto de caer pero, felizmente, la enderezaba, y volvía a pedalear y a respirar tranquilo: tenía el camino expedito hasta la vuelta siguiente. Y así, una y otra vez, sin medir el tiempo. Mi padre, que todos los veranos leía el Quijote y nos sorprendía a cada momento con una risotada solitaria y estrepitosa, me había dicho durante el desayuno, atendiendo mis insistentes requerimientos para que me enseñara a montar:

—Luego; a la hora de comer. Ahora déjame un rato.

Para un niño de siete años, los *luego* de los padres suelen durar eternidades. De diez a una y media me dediqué, pues, a contemplar con un ojo la bicicleta de mi hermano Adolfo, apoyada en un banco del cenador (una Arelli de paseo, de barras verdes y níqueles brillantes, las palancas de los frenos erguidas sobre los puños del manillar) y con el otro, la cristalera de la galería que caía sobre el jardín, donde mi padre, arrellanado en su butaca de mimbre con cojines de paja, leía incansablemente las aventuras de don Quijote. Su concentración era tan profunda que yo no osaba subir a recordarle su promesa. Así que esperé pacientemente hasta que, sobre las dos de la tarde, se presentó en el cenador, con chaleco y americana pero sin corbata, negligencia que caracterizaba su atuendo de verano.

—Bueno, vamos allá.

Temblando, enderecé la bicicleta. Mi padre me ayudó a encaramarme en el sillín, pero no corrió tras de mí. Sencillamente me dio un empujón y voceó cuando me alejaba:

—Mira siempre hacia adelante; nunca mires a la rueda.

Yo salí pedaleando como si hubiera nacido con una bicicleta entre las piernas. En el extremo del jardín, doblé con cierta inseguridad y, al llegar al fondo, volví a girar para tomar el camino del centro, el del cenador, desde donde mi padre controlaba mis movimientos. Así se entabló entre nosotros un diálogo intermitente, interrumpido por el tiempo que tardaba en dar cada vuelta.

—¿Qué tal marchas?

—Bien.

—¡No mires a la rueda! Los ojos siempre adelante.

Pero la llanta delantera me atraía como un imán y había de esforzarme para no mirarla. A la tercera vuelta reconocí que aquello no encerraba mayor misterio y en las rectas, junto a las tapias, empecé a pedalear con cierto brío. Mi padre, a la vuelta siguiente, frenó mis entusiasmos.

—No corras. Montar en bicicleta no consiste en correr.

—Ya.

Le cogí el tranquillo y perdí el miedo en menos de un cuarto de hora. Pero, de pronto, se levantó ante mí el fantasma del futuro, la incógnita del «¿qué ocurrirá mañana?», que ha enturbiado los momentos más felices de mi vida. Al pasar ante mi padre se lo hice saber en uno de nuestros entrecortados diálogos.

—¿Qué hago luego para bajarme?

—Ahora no te preocupes por eso. Tú, despacito. No mires a la rueda.

Daba otra vuelta pero en mi corazón ya había anidado el desasosiego. Las ruedas siseaban en el sendero y dejaban su huella en la tierra recién regada, pero la incertidumbre del futuro ensombrecía el horizonte. Daba otra vuelta. Mi padre me sonreía. Yo me mantenía en mis trece.

—Y cuando me tenga que bajar, ¿qué hago?

—Muy sencillo; frenas, dejas que caiga la bicicleta de un lado y pones el pie en el suelo.

Rebasaba el cenador, llegaba a la casa, giraba a la derecha, encarrilaba el paseo junto a la tapia, aceleraba, alcanzaba el fondo del jardín y retornaba por el paseo central. Allí estaba mi padre solícito. Yo insistía tercamente:

—Pero es que no me sé bajar.

—Eso es bien fácil, hijo. Dejas de dar pedales y pones el pie del lado que caiga la bicicleta.

Me alejaba de nuevo, sorteaba el cenador, topaba con la casa, giraba a la izquierda, recorría el largo trayecto junto a la tapia hasta alcanzar el fondo del jardín para regresar por el paseo central. Mi padre iba ya caminando lentamente hacia el porche.

—Es que no me atrevo. ¡Párame tú! —supliqué al fin.

Las nubes sombrías nublaron mi vista cuando oí la voz llena de mi padre a mis espaldas:

—Has de hacerlo tú solo. Si no, no aprenderás nunca. Cuando sientas hambre sube a comer.

Y allí me dejó solo, entre el cielo y la tierra, con la conciencia clara de que no podía estar dándole vueltas al jardín eternamente, de que en uno u otro momento tendría que apearme; es más, con el convencimiento de que en el momento en que lo intentara me iría al suelo. En las enramadas, se oían los gorjeos de los gorriones y los silbidos de los mirlos como una burla, mas yo seguía pedaleando como un autómata, bordeando la línea de la tapia, sorteando las enredaderas colgantes de la pérgola del cenador. ¿Cuántas vueltas daría? ¿Cien? ¿Doscientas? Es imposible calcularlas pero yo sabía que *ya era por la tarde*. Oía jugar a mis hermanos en el patio delantero, la voz de mi madre preguntando por mí, la de mi padre tranquilizándola, y persuadido de que únicamente la preocupación de mi madre hubiera podido salvarme, fui adquiriendo conciencia de que no quedaba otro remedio que apearme sin ayuda, de que nadie iba a mover un dedo para facilitarme las cosas; incluso tuve un anticipo de lo que había de ser la lucha por la vida en el sentido de que nunca me ayudaría nadie a bajar de la bicicleta, de que en éste como en otros apuros tendría que ingeniármelas por mí mismo. Movido por este convencimiento, pensé que el lugar más adecuado para el *aterrizaje* era el cenador. Debería llegar hasta él muy despacio, frenar junto a la mesa de piedra, afianzar la mano en su superficie y, una vez seguro, levantar la pierna y apearme. Pero el miedo suele imponerse a la previsión y, a la vuelta siguiente, cuando frené e intenté sostenerme en la mesa, la bicicleta se inclinó del lado opuesto, y yo me vi obligado a dar una pedalada rápida para reanudar la marcha. Luego, cada vez que decidía detenerme, me asaltaba el temor de caerme y así seguí dando vueltas incansablemente hasta que el sol se puso y ya, sin pensármelo dos veces, arremetí contra un seto de boj, la rueda delantera se enrayó con las ramas y yo me apeé tranquilamente. Mi padre ya venía a buscarme.

—¿Qué?

—Bien.

—¿Te has bajado tú solo?

—Claro.

Me dio en el pestorejo una palmada cariñosa.

—Anda, di a tu madre que te dé algo de comer. Te lo has ganado.

De adolescente, cuando me lamentaba ante mis amigos de los procedimientos didácticos de mi padre, ellos decían que ésa era la *educación francesa* y que la *educación francesa* estaba muy bien. Que ellos no sabían nadar, ni montar en bicicleta, ni distinguir un cuco de un arrendajo porque no habían recibido *educación francesa* y que era un atraso. Que criar a un niño entre algodones era arriesgado porque luego, cada vez que la vida le pasa la factura, no sabe qué actitud adoptar. Por aquel tiempo yo era ya una especie de Fausto Coppi, un ciclista consumado. No me apeaba de la bicicleta. Sabía zigzaguear sin manos, ponerme de pie en el sillín y conducir con los pies. Como transporte, podía cargar simultáneamente a tres de mis hermanos: uno en el manillar, otro en la barra y un tercero de pie, agarrado a mis hombros sobre las palomillas traseras. Los automóviles en mi ciudad eran entonces media docena, por lo que uno podía doblar las esquinas, inclinando la máquina, a toda velocidad, sin preocuparse de lo que viniera en dirección contraria. Incluso cuando acompañaba a alguna muchachita, lo hacía sentado en mi bicicleta, impulsándome con el pie desde el bordillo de la acera. Formábamos un todo tan armonioso, que si el descubrimiento de América se hubiese producido en 1930, y yo hubiera asistido a la efemérides, los indios a buen seguro nos hubieran tomado a mi bicicleta y a mí por una criatura con ruedas. Pero no todo iba a ser coser y cantar y en aquellos tiempos ya existía un punto negro: los agentes, lo que entonces llamábamos guardias de la porra. Mi bicicleta nunca fue matriculada y en consecuencia constituía una sabrosa presa para los sabuesos municipales. Y ¿por qué no matriculaba mi bicicleta y vivía tranquilo? ¡Ah!, esto formaba parte de la educación francesa de mi padre. Mi padre era enemigo de las *tasas arbitrarias* aunque fuesen menores. La arbitrariedad de la tasa la determinaba él, naturalmente. Así, por poner unos ejemplos, mi padre nunca pagó un real en el fielato, ni un billete de andén en la estación de ferrocarril. En el fielato se mostraba terminante:

—¿Algo de pago?

—¡Nada!

—Sigan ustedes.

A lo mejor, el Cafetín venía cargado de

conejos pero la contundencia con que mi padre lo negaba dejaba al consumero persuadido de que no pretendíamos colar nada de matute. Algo semejante acontecía en la estación cuando íbamos a esperar a la tía Elenita que llegaba de Burgos en el rápido de Irún.

—¡Autoridad! —decía mi padre con tal desparpajo que el portero no sólo nos dejaba pasar a los ocho hermanos y a mi madre sino que además le dedicaba a mi padre, que era el último de la fila, un par de reverencias. Lo malo era cuando mi padre se resistía a pagar también los *recargos abusivos* pero éramos nosotros los que teníamos que dar la cara, verbigracia, con la fotografía anual del colegio, o la revista *Unión*, o el orlín de fin de curso. El hermano procurador no comprendía que pagáramos puntualmente la mensualidad y luego nos negáramos a abonar un pequeño suplemento por la fotografía, la revista o el orlín.

—Y ¿por qué no quiere tu padre el orlín?

—Él sabrá; no me lo ha dicho.

Y el hermano procurador nos despachaba sin la barra de regaliz que solía ser el premio a los buenos pagadores. Ante sus logros, mi padre se crecía y recuerdo que, al iniciar el segundo curso de bachillerato y pedirle dinero para pagar los libros, miró éstos uno por uno, separó el volumen de historia y me dijo con aplomo francés:

—Éste lo devuelves. Le dices al hermano de mi parte que lo tenemos en casa.

Se levantó, abrió una de las librerías de su despacho, sacó un librito de historia, firmado por otro señor, con una tapa blanca en lugar de roja, y me lo entregó. Al día siguiente el hermano nos mandó estudiar las dos primeras páginas, pero aunque ambos libros empezaban con la prehistoria, su método no coincidía. Con el tiempo, las diferencias se hicieron más ostensibles, de manera que me pasé el curso estudiando historia con mi compañero Lisardo Martín. En aquellas cuestiones en que creía tener razón, mi padre no transigía. Y en lo concerniente a la enseñanza de la historia era partidario de que se escribiese un texto objetivo y con poca sangre que sirviera para todos los párvulos del mundo y, mientras no se hiciese así, cualquier libro valía ya que según él, «la historia no se inventaba».

La matrícula de la bicicleta de un niño le parecía igualmente una *tasa arbitraria*, por lo que nunca pasó por ello. Aparte lo arbitrario de la tasa, mi padre alimentaba sobre el particular un sensato punto de vista: Un chico en bicicleta que se dejara prender por un hombre a pie era un tonto, se merecía la multa. Y, bien pensado, no le faltaba razón. Ante semejante filosofía, nuestro ciclismo, el de los ocho hermanos, no consistía tanto en pedalear como en escurrir el bulto, en tener el ojo abierto para descubrir a tiempo al guardia de la porra y no caer en sus manos. No era tarea sencilla porque hace medio siglo un agente municipal ponía tanto celo en agarrar a un ciclista sin matrícula como el que puede poner hoy en sorprender un coche aparcado en zona azul sin el tique de la ORA. De este modo, en la ciudad, el deporte de las dos ruedas, sobre el ejercicio en sí, encerraba para un niño un singular atractivo: no dejarse cazar. Nos lanzábamos a tumba abierta en cuanto divisábamos un agente, doblábamos las esquinas como suicidas, de tal manera que cuando el guardia quería reaccionar ya estábamos a mil leguas. El riesgo estribaba en meterse uno en un callejón sin salida o en adentrarse en una calle que tuviera un guardia en cada esquina. Si mal no recuerdo, en aquellos años los agentes urbanos usaban silbato y desde luego se ponían fuera de sí cada vez que un ciclista sin matrícula pasaba por su lado como una exhalación, afeitándoles. En esos casos, soplaban el pito y la presencia de otros guardias en las proximidades podía crear problemas.

De modo que pedalear ojo avizor, eludiendo las asechanzas, era una actividad maravillosa que despabilaba a cualquiera. Creo recordar (ahora puedo confesarlo sin riesgo, puesto que las faltas han prescrito) que siempre salí victorioso en este empeño; nunca fui atrapado. Sí me cogieron jugando al fútbol en el Campo Grande o vadeando el riachuelo del parque, en la zona que llamábamos Países Bajos, pero montado en una bicicleta jamás. Yo me sentía como una especie de Al Capone, en Chicago, perseguido vanamente por toda la policía de la ciudad. Lo que me pregunto a veces es cómo hubiera reaccionado mi padre si alguno de los hermanos nos hubiéramos dejado prender.

Esta emoción se esfumaba en carretera. En carretera sólo quedaba el esfuerzo: no había guardias a quienes burlar. En aquellos años, entre los doce y los catorce míos, pasamos tres veranos en el pueblecito de Boecillo. Entonces estaba yo envenenado por el Tour de Francia, por las gestas admirables de Mariano Cañardó, Federico Ezquerra y la *Pulga de Torrelavega*. Los ciclistas españoles acudían al Tour huérfanos, sin una organización detrás, y, sin embargo, haciéndoselo todo ellos, conseguían clasificaciones meritorias: A Cañardó creo que no le vimos nunca por debajo del décimo puesto en la general, ni a Trueba muy alejado del decimoquinto. Por si fuera poco, Trueba —y también Ezquerra— fue *Rey de la Montaña* varios años. Y a mí, como a casi todos los niños de entonces, nos entusiasmaba más la victoria en la cresta de una montaña que en un final de etapa llano, sin accidentes. Todos aspirábamos a ser escaladores y nuestro sueño inexpresado era coronar un día el Tourmalet en primer lugar. Recuerdo que en aquella época, adquirí, entre mis amigos, cierta fama de escalador. Y ¿es que poseía yo, en realidad, algún don para escalar mejor que ellos? Yo siempre he pensado que subir cuestas en bicicleta es una de las mayores maldiciones que puede soportar un hombre, escalador o no. Pero ante el repecho de Boecillo, con su pronunciado recodo y su empinamiento súbito en el último tramo, yo no me amilanaba, dejaba pasar a mis amigos primero y, luego, les rebasaba como si nada, pedaleando a un ritmo loco, a toda velocidad.

—Claro, es que a Delibes no le cuesta —comentaban ellos, compungidos.

Yo mantenía la superchería. Sonreía. Tácitamente les daba la razón, porque ésa era la carta que me convenía jugar: simular que no me costaba. Y con un muchacho al que no le costaba subir las cuestas no se podía competir. De manera que, de acuerdo con mi manera de pensar, lo aconsejable para llegar a *Rey de la Montaña* era poner cara de palo, incluso esbozar una sonrisa en los momentos más duros, mientras la procesión iba por dentro. Aguantar, que no trascendiera al rostro el sufrimiento interior, ni la fatiga física era una baza segura para que el competidor desistiera de alcanzarnos. Nada desanima tanto a un corredor como observar que el contrincante realiza con la sonrisa en los labios algo que a él le está suponiendo un esfuerzo sobrehumano. Ponerme la máscara fue el secreto de mi éxito como escalador: ni piernas, ni bofes, ni garambainas. A mí me costaba subir el repecho de Boecillo tanto como a José Luis Fando, el gordo de la clase, pero lo disimulaba y mis compañeros, al verse desbordados por un tipo alacre, que no se quejaba, a quien no le dolían los muslos ni se le aceleraba el corazón, se sentían descorazonados y se sentaban en la curva a charlar un rato y descansar, en tanto yo coronaba el cerro en solitario, de un tirón. Ya en la cumbre, cuando nadie me veía, me tumbaba boca abajo a la sombra de una acacia y sujetaba el corazón contra el suelo para que no se me escapase del pecho. Momentos después,

70

al llegar a casa, no podía comer, tenía que meterme en cama un ratito hasta que se me pasara el sofoco.

—Claro, es que a Delibes no le cuesta.

Llegué a pensar que mi impostura era la impostura de Trueba, de Ezquerra o del francés Vietto, en el Tour de Francia. Aquel que acertaba a fastidiarse sin poner cara de fastidio, ése era el *Rey de la Montaña*. Mis reflexiones llegaban incluso más lejos: en España había más escaladores que en ninguna parte porque estábamos acostumbrados a mortificarnos disimulándolo. Subir cuestas en bicicleta era tarea de pobres. Esta teoría creo que se ha confirmado después: hoy los mejores trepadores del mundo son de Colombia. El escalador (aparte la orografía del país, que también ayuda un poco) va desapareciendo de Europa con el aumento del nivel de vida. Está fuera de toda duda que subir una cuesta en bicicleta, aunque ésta sea de aluminio y disponga de treinta desarrollos, es un tormento para todo hijo de vecino. También se fue demostrando con los años que los fielatos, los billetes de andén y las matrículas de las *bicis* infantiles eran *tasas arbitrarias*, de acuerdo con las teorías de mi padre, porque desaparecieron en poco tiempo.

A partir de los dieciocho años, la bicicleta dejó de ser para mí un deporte y se convirtió en un medio de locomoción. Entre otras cosas, gracias a la bicicleta pude cazar un poco en los años de la inmediata posguerra, irme a bañar a la central del Cabildo, o visitar a mi novia durante los meses de verano. Desplazarse a cazar no era fácil por la impedimenta; en un vehículo tan esquemático como la *bici* había que acomodar la escopeta, el morral con la comida y los trebejos más la perrita. De ordinario el macuto se colocaba en el manillar, en la barra la escopeta y, detrás, en el soporte, siempre que fuera dócil, la perrita. Pero una cosa es decirlo y otra hacerlo, pues tuve un animal de buena estampa, que padecía de vértigo y a la segunda pedalada ya se había arrojado a la carretera. Para subir a la Granja de la Diputación, a tres kilómetros de casa, esto no importaba demasiado: el animal corría tras la máquina y de esta manera yo conseguía dos objetivos: librarle del vértigo y desbravarle, evitar que en el cazadero se alargara detrás de las perdices. Mas si el recorrido era de más de una decena de kilómetros resultaba preferible dejar a la perra en casa y desempeñar personalmente sus labores sacudiendo las matas con los caños de la escopeta. A la bicicleta le debo gratas horas de esparcimiento en el campo en días difíciles e incluso algún alijo de estraperlo que introducía en la ciudad salvando, con la misma pericia con que siempre sorteé a los municipales, la atenta vigilancia de la policía de abastos.

La bicicleta fue asimismo en esa época el transporte adecuado para irnos a bañar al Cabildo, en el Pisuerga, cinco kilómetros aguas arriba de la capital. Así eludíamos las atarjeas y alcantarillas que descargaban la porquería de cien mil vallisoletanos en el Paseo de las Moreras. Eduardo Gavilán y Vicente Presa solían ser mis acompañantes. Y allí, entre el boom-boom de la central y el melodioso canto de los ruiseñores, nos bañábamos en la pesquera, en cuanto apretaba el calor. No era un sitio muy cómodo pero sí limpio y en él coincidíamos con mis primos Federico y Julián y los hermanos Enciso, que llegaban en coche al acabar sus quehaceres. En aquel tiempo, el coche de mis primos era uno de los pocos que quedaban útiles en la ciudad. Era un Chevrolet del año 36 que ellos, jugándose la vida, habían librado de la requisa general de la guerra enterrándolo bajo un túmulo de tablones en la serrería que regentaban entonces. Pero nosotros llegábamos al Cabildo por atajos, senderos de tierra apelmazada junto a la carretera, o a campo través,

73

donde los neumáticos de las bicicletas producían un rumor estimulante, muy agradable, que todavía no he olvidado. Es claro que los cinco kilómetros de regreso nos ocasionaban una sofoquina mayor que si no hubiéramos ido a bañarnos, pero era una servidumbre obligada en una época en que las piscinas constituían un lujo sólo al alcance de las estrellas de Hollywood. Este placer de bañarnos en agua corriente, no mancillada aún por los desechos urbanos, duró pocos años. Enseguida empezó la modesta industrialización de la ciudad y naturalmente el lugar de emplazamiento tuvo que ser el Cabildo (las empresas sienten atracción por las aguas incontaminadas lo mismo que las polillas por la luz). Se emporcó aquel tramo del río y para remate se sembró de lucios que con el tiempo subirían aguas arriba y crearían un serio problema a la población truchera.

Pero cuando la bicicleta se me reveló como un vehículo eficaz, de amplias posibilidades, cuya autonomía dependía de la energía de mis piernas, fue el día que me enamoré. Dos seres enamorados, separados y sin dinero, lo tenían en realidad muy difícil en 1941. Yo veraneaba en Molledo-Portolín (Santander) y Ángeles, mi novia, en Sedano (Burgos), a cien kilómetros de distancia. ¿Cómo reunirnos? El transporte, además de caro, era muy complicado: ferrocarril y autocar, con dos trasbordos en el trayecto. Los ahorros míos, si daban para pagar el viaje no daban para pagar el alojamiento en Sedano; una de dos. ¿Qué hacer? Así pensé en la bicicleta como transporte adecuado que no ocasionaba otro gasto que el de mis músculos. De modo que le puse a mi novia un telegrama que decía: «Llegaré miércoles tarde en bicicleta; búscame alojamiento; te quiere, Miguel». Creo que la declaración amorosa sobraba en esa circunstancia puesto que el cariño estaba suficientemente demostrado pero la generosidad de la juventud nunca tuvo límites. El miércoles, antes de amanecer, amarré en el soporte de la *bici* dos calzoncillos, dos camisas y un cepillo de dientes y me lancé a la aventura. Aún evoco con nostalgia mi paso entre dos luces por los pueblecitos dormidos de Santa Olalla y Bárcena de Pie de Concha, antes de abocar a la Hoz de Reinosa, cuya subida, de quince kilómetros, aunque poco pronunciada, me dejó para el arrastre. Solo, sin testigos, mis pretendidas facultades de escalador se desvanecieron. En compensación, del alto de Reinosa a Corconte —veintitantos kilómetros— fue una sucesión de tumbos donde la inercia de

cada bajada me proporcionaba casi la energía necesaria para ascender el repecho
siguiente. Aquellos primeros años de la década de los cuarenta, con el país arruinado,
sin automóviles ni carburante, fueron el
reinado de la bicicleta. Otro ciclista, algún
que otro peatón, un perro, un afilador, los
chirriones acarreando yerba en las proximidades de los pueblos, eran los únicos
obstáculos de la ruta. Recuerdo aquel primer viaje de los que hice a Sedano, como
un día feliz. Sol amable, bruma ligera, brisa tibia, la bicicleta rodando sola, sin manos, varga abajo, un grato aroma a heno y
boñiga seca estimulándome. Me parece recordar que cantaba a voz en cuello, con mi
mal oído proverbial, fragmentos de zarzue-
las sin temor a ser escuchado por nadie,
sintiéndome dueño del mundo.

El viaje, como digo, lo repetí varias veces, ida y vuelta. En ocasiones, cuando me
sobraban dos duros, cogía el tren mixto y
me evitaba el pechugón hasta Reinosa.
Otras veces era al revés, apalabraba a Padilla, el taxista de Covanera, para que me su-
biera hasta Cabañas de Virtus, con la bicicleta en la baca, para ahorrarme unos
kilómetros escarpados y las rampas pelia-
gudas de Quintanilla de Escalada. No es fácil olvidar la escena de la partida del taxi

de Padilla, un coche muy viejo y baquetea-do, de cinco plazas, creo que con gasógeno, donde, por las buenas o por las malas, en-trábamos trece o catorce personas, con las piernas fuera, asomando por las ventani-llas, y la baca atestada de cestas de huevos, gallinas, sacos de cemento, patos, aperos de labranza y, coronándolo todo, mi vieja bici-cleta azul, más pesada que un muerto, que sería la primera en bajar. Tanto a la ida como a la vuelta, mi lugar de refrigerio era el estanco de Paradores de Bricia, en el pá-ramo desolado, donde me servían un par de huevos fritos con chorizo, pan y un vaso de vino por una peseta y diez céntimos. Y en los regresos, ¿cómo olvidar el placer inefa-ble de bajar la Hoz de Reinosa, suavemen-te, sin esfuerzo, sin una pedalada en quince kilómetros, como en una motocicleta afó-nica?

Dando por supuesto que todo esto fuese un sacrificio, yo me sentía suficientemente compensado con mi semana en Sedano, junto a Ángeles, bañándonos en el cauce, subiendo a los picos, pescando cangrejos, cogiendo manzanas, resolviendo el damero maldito de *La Codorniz* en el jardín de los Gallo, donde ella paraba. Mi alojamiento, la fonda, estaba frente por frente, en la mis-ma plaza, bajo la dirección de la señora Pilar, ya de edad, y sus hijos Luis Peña y Amalia y los hijos de estos hijos con los que hoy me sigue uniendo una cordial amistad. En aquel tiempo me daban de comer tres platos a mediodía y otros tres por la noche, desayuno, habitación y un rincón en la cuadra para la bicicleta por 18 pesetas diarias. El primer año coincidí allí con el mayor de los Peña, Juan José, periodista de San Sebastián que visitaba su casona —que luego sería mía— en compañía de su madre, quien sorprendido de mi apetito, me dijo un año después, cuando ya teníamos alguna confianza:

—Hay que ver la cantidad de pan que comió usted el día que nos conocimos.

Naturalmente Peña ignoraba que yo estaba cargando carburante para el regreso, fortaleciéndome para recorrer en bicicleta los cien kilómetros que me separaban de Molledo-Portolín.

Más tarde, cuando me casé, intenté incorporar a mi mujer a mis veleidades ciclistas y en la petición de mano, además de la inevitable pulsera, le regalé una bicicleta francesa amarilla de nombre Velox. La marca era ya un augurio pero siempre imaginé que en el vocablo habría no poco de publicidad. Con las dos bicicletas nos fuimos a la casa de mi padre, en Molledo-Portolín, a pasar la luna de miel. Fuera de nuestros paseos cotidianos y de los amartelamientos naturales, apenas teníamos otra distracción que las bicicletas, de tal manera que al segundo día de estancia, le propuse a mi mujer irnos a comer a Corrales de Buelna. Ella, desconociendo el itinerario, aceptó con entusiasmo de recién casada. Nos encaramamos en las *bicis* y ya al bajar la varga de la iglesia me di cuenta que aquello de la Velox no era una hipérbole. La máquina amarilla, con un radio de rueda la mitad que la mía, empezó a embalarse y al llegar al cementerio ya me sacaba seis metros. Entonces recordé que al terminar la cuesta, tras la curva, junto al pueblecito de Madernia, había un paso a nivel contra cuya valla podría estrellarse, de no moderar la marcha. Preocupado la voceé:

—¡Frena!

Pero ella me gritó a su vez:

—¡No puedo! ¡No me puedo parar!

Pedaleé con energía hasta alcanzarla y mientras nos deslizábamos emparejados a sesenta kilómetros por hora, trataba de convencerla de que la palanca del freno no estaba tan dura y que mediante un pequeño esfuerzo podría doblegarla. Inútil. No era fuerza lo que le faltaba sino envergadura de mano; no podía alcanzar la palanca sin soltar el puño. La Velox adquiría cada vez mayor velocidad y yo ya imaginaba, tras la curva que divisaba al fondo de la carretera, las portillas cerradas del paso a nivel y el topetazo inevitable. Entonces tomé una decisión a lo Tom Mix, una decisión disparatada: yo frenaría la rueda delantera de mi máquina con la mano izquierda y, simultáneamente, sujetaría el sillín de la Velox con la derecha; es decir, frenaría para los dos hasta lograr detenernos. Era una determinación de enamorado, arriesgada pero poco práctica. Con el primer tirón, Ángeles se desequilibró, y sin perder velocidad se fue de cuneta a cuneta en un zigzag peligrosísimo. Al segundo intento, las bicicletas entrechocaron y a punto estuvimos de irnos los dos a tierra. Nervioso, a medida que la curva se aproximaba, grité:

—Por Dios bendito, ¡frena!

Pero ella ya había perdido la moral:

—¡No me puedo parar, no me puedo parar!

La Velox se aceleraba y, ante lo inevitable, alcé los ojos al cielo y pedí con unción que el paso a nivel estuviese abierto. Así fue en efecto, pero la Velox, ligera como el viento, haciendo honor a su nombre, atravesó la vía como una centella y no se detuvo hasta llegar a Santa Cruz, el pueblo inmediato, donde al fin nos repusimos del susto.

Pero cuando evoco el mundo de la bicicleta suelo olvidar las complicaciones mecánicas que llevaba consigo, mi incapacidad para volverla a su estado normal cuando algo se estropeaba. No quiero hablar de las averías del piñón, o del plato, de los juegos de bolas, porque eso son ya palabras mayores, sino simplemente de los pinchazos, del humilde pinchazo de una rueda de bicicleta. Por supuesto conocía la técnica a emplear para su reparación: aplicar los desmontables, sujetarlos a los radios, extraer la cámara, inflarla, introducirla en un balde de agua, buscar la punzada, frotarle con lija, extender la disolución, orearla, quitar la membranita blanca del parche y aplicarlo. El camino de vuelta tampoco ofrecía dificultad: introducir la cámara bajo la cubierta, repartirla a lo largo de la rueda sin retorcerla, meter la cubierta en la llanta a mano mientras pudiese, y, finalmente, en los centímetros finales, con los desmontables. Todo correcto. Pero era ahí donde empezaba mi calvario. La rueda, después de reparada, no cogía aire o, si lo cogía, lo expulsaba con la misma rapidez.

—Pellizcas la cámara con el desmontable, chaval. Esta rueda está pinchada.

Debía de ser cierto; al arreglar un pinchazo inevitablemente hacía otro.

—Monta la cubierta con la mano; es más seguro. Goyo, el mecánico de la Agencia, intentaba remediar mis desventuras.

—No tengo fuerzas, Goyo.

—Pues entonces pon cuidado con los desmontables, ¡coño!

Mas aunque siempre, desde niño, puse un cuidado meticuloso en la operación de montar una rueda, nunca pude evitar el pellizco con el desmontable. Era una pequeña tragedia irremediable que ponía mis nervios a prueba. Hoy las bicicletas no se pinchan o, si se pinchan, los ciclistas las arreglan de otra manera. La mía, mi bicicleta, la de ahora, con la que me doy paseos de 15 a 20 kilómetros en verano, sigue teniendo las ruedas como las de ayer pero se me pincha menos porque ando siempre por carretera y no apuro las cubiertas como antaño, pero si, a pesar de todo se pincha, he de recurrir a manos mercenarias para evitar pellizcarla con el desmontable. Hay cosas que parecen sencillas pero no basta una vida para aprenderlas.

El gen ciclista de la familia seguiría manifestándose en las nuevas generaciones. Mi hijo mayor aprendió a montar a los tres años y se desazonaba cada vez que se apeaba y la bicicleta se caía, no se mantenía en pie. Resultaba muy complicado explicárselo y él se ponía más y más furioso con nuestras vaguedades. Más tarde, mis nietos han aprendido a la misma edad sin que nadie les enseñase. Jaime, uno de ellos, salió pedaleando un día por la carretera tras su prima Ángeles, que ya sabía montar, y tuvimos que rescatarles con un coche, a tres kilómetros del pueblo. Pero la madera competitiva, en pruebas de poco alcance, se manifestó en mis hijos Germán, Juan y Adolfo. Los tres ganaron carreras locales, sin mayor relieve. Pero el tercero hizo en su día excursiones que no creo vayan a la zaga de las que pueda hacer Perico Delgado en sus períodos de entrenamiento. Recuerdo una de un par de días, con salida de Valladolid y llegada a Santander, por Burgos, y regreso por Unquera, Potes y Palencia, subiendo los puertos de El Escudo y Piedras Luengas. Esfuerzos así no se hacen hoy por una apuesta cuantiosa pero él lo llevó a cabo por placer, por afirmar su personalidad. Ahora bien, la mayor gloria ciclista, la efemérides que dejó huella y que aún se comenta en tertulias familiares, fue la victoria de Juan en una clásica Sedano-Covanera-Sedano, donde aparte los aficionados, participaron dos muchachos federados de un club ciclista de Burgos, con sus bicicletas de aluminio, finas y ligeras como libélulas, y su *maillot*, su culote, y sus mocasines negros de badana. Llegaron en bicicleta, custodiados por media docena de *fans*, y hasta que la prueba empezó no cesaron de dar vueltas a la plaza para no quedarse fríos. En el pueblo les miraban entre irritados y perplejos. No entraba en su cabeza que aquella carrera organizada desde siempre para ciclistas locales cobrase de repente tan altos vuelos, pero, por otra parte, se condolían de que la copa del triunfador no fuese a quedar en casa.

—Dicen que están federados.

—Así ya podrán.

—A mí me parece que a eso no hay derecho. Esta carrera siempre ha sido para veraneantes y para hijos del pueblo.

Mientras, los federados seguían dando vueltas y vueltas a la placita, con sus piernas musculosas y depiladas, brillantes de embrocación, la viserilla sobre los ojos, la marca publicitaria a las espaldas. Mi hijo Juan, en su *short* de baño, con su *cocodrilo*, los miraba avergonzado de su atuendo inapropiado, principalmente de sus botas de montañero, y en una de sus reacciones tan peculiares, subió a casa y bajó calzando unos zapatones de agua que, por su color

84

negro, eran los que más se asemejaban a las botitas de los federados.

—¿Es que vas a correr tú, chaval?

—Eso pensaba.

Le hablaban perdonándole la vida, desde lo alto de sus bicicletas-libélulas, mientras Juan, de pie, agarraba achicado el manillar de su *bici* de hierro, de llantas anchas, como de carro, y viejas palomillas, lejos de los carretes automáticos que portaban las de los federados. Pero Echano, el juez de la carrera, los alineó para iniciar la prueba. Los atuendos de los corredores locales chocaban por su variedad ante la uniformidad de los visitantes. Y cuando Echano disparó el pistoletazo de salida, el pueblo aplaudió, los federados tomaron el mando del pelotón pero hasta alcanzar el arroyo de Escanillo no metieron caña y fueron dejando en la cuneta a los aficionados locales. Mas Juan, tozudo y fuerte, a más de un excelente ciclista, apretó las mandíbulas y se puso a la rueda del segundo federado, lugar que no abandonó hasta llegar a Covanera y en el que continuaba después de dar la vuelta. Entonces debieron pensar que se trataba de un moscón pegajoso que había que distanciar metiendo zapatilla. Pero el esfuerzo no les valió de nada. Juan, mi hijo, aguantó el tirón de los federados, siguió a la rueda del segundo, mientras iba saludando con la mano a los otros participantes que o bien no habían llegado aún a Covanera o habían abandonado.

—¡Ojo!; con Juan no van a poder.

—¡Hala, Juan, duro con ellos!

Los coches seguidores ya se relamían con el *sprint* final. Rebasaron el puente de Escanillo, a un kilómetro largo de la meta, y los federados hicieron otro esfuerzo. No acababan de comprender aquello. No aceptaban de buen grado que aquel muchachito con su *cocodrilo* y sus zapatones negros de agua, montado en una bicicleta con ruedas de carreta, les plantase cara, no consintiera que se distanciasen. Y cuando tiraron de nuevo poniendo en el empeño todas sus facultades, Juan metió la cabeza entre los hombros y no permitió que ensancharan el corte. Se hallaban en la última curva antes de la meta y, entonces, los muchachos de los culotes y los mocasines parearon sus bicicletas cerrando el paso, pero mi hijo que conocía la carretera como su casa, se ciñó a la curva, literalmente se metió por la cuneta pedaleando como un desesperado, los adelantó y, entre el delirio popular, pisó la cinta en primer lugar. Oyendo los bravos y parabienes del gentío, yo pensaba en mi padre, en su biciclo y en su *educación francesa*.

—¡Aupa, Juan, vamos a mojarlo!

—¿Sabes? ¡Juan ha ganado a los federados! ¡Les ha dejado con un palmo de narices!

La plaza era un clamor. Los muchachos federados, que aún no habían salido de su asombro, cambiaban impresiones con sus *fans*, organizaban cabizbajos el regreso a la capital, mientras mi hijo, achuchado por la multitud, era la viva estampa del vencedor. Pero cuando, tras ímprobos esfuerzos, logré aproximarme a él y le invité a que se sentara en el banco corrido de los soportales, se señaló las piernas (unas piernas tensas, rígidas, los músculos anudados aún por el esfuerzo) y me dijo confidencialmente:

—Espera un poco; si me muevo ahora me caigo.

IV. Una *bici* que rodara siempre
cuesta abajo...

De la bicicleta (sin dejarla nunca del todo, puesto que a los sesenta y ocho años sigo montando en ella) derivé a la moto. Era un tránsito obligado, inducido por los años, la comodidad y la moda. Yo creo que las primeras motocicletas españolas que se fabricaron en serie datan de finales de los cuarenta. Por esas fechas al menos la compré yo. Fue una inspiración repentina que me asaltó bajando un día en bicicleta la pendiente de Villanubla: «Una *bici* que rodara siempre cuesta abajo sería una maravilla», me dije. Y, consecuentemente, me compré una moto; una Montesa de 125 centímetros cúbicos, cifra críptica que, al parecer, indicaba que la potencia de la máquina no era mucha pero que a ciencia cierta nunca supe lo que significaba. Tenía ya cuatro hijos, el primogénito de tres años, y pensé que aquella fuerza contenida (que después de tantos años en bicicleta, se me antojaba una locomotora), bien administrada, podría utilizarse para transportar a toda la familia. Todavía no había coches y los pocos que salvaban la frontera costaban una fortuna. «A ver si nos arreglamos con la moto», pensé. Y en mi mente bullía ya un gran invento del que más adelante daré cumplida información.

La Montesa inicial adolecía, por lo visto, de un grave defecto: la cadena primaria (que no era la cadena que movía la rueda aunque sí iniciaba la tracción) estaba al aire, sin baño de aceite y, al menor accidente del terreno y muchas veces sin él, saltaba y quedaba sobre el asfalto, serpeando como una culebra negra. Los entendidos la llamaban simplemente la *primaria*.

—Si no fuera por la *primaria* esta moto sería tan buena como las inglesas. Es el fallo de esta máquina.

Pero lo peor no es que tuviera este fallo, sino que el fallo se manifestara todo el tiempo, en cuanto se andaban con ella veinte kilómetros. En pleno éxtasis de velocidad, cuando uno metía gas para deslumbrar a la esposa que iba detrás, un poco encogida, el puño quedaba repentinamente suelto, la rueda loca y aquello se iba parando, perdiendo fuerza desinflándose como un globo:

—Me parece que se ha roto la *primaria* —anunciaba sabiamente mi mujer desde el asiento posterior.

Y yo arrimaba la moto al borde de la calzada, jurando entre dientes, me apeaba, miraba hacia atrás y allá, a trescientos metros, divisaba la sierpe negra, retorcida, en medio de la carretera, cruel evidencia de que una vez más nuestra excursión quedaba truncada. Sin embargo, cada vez que mi Montesa coincidía en un aparcamiento con otras motos de fabricación nacional, cuyos nombres voy a omitir para no molestar a nadie, el mirón de vehículos, que entonces andaba muy concentrado por haber pocos vehículos que mirar, señalaba con un dedo la Montesa y le decía a su compañero con admiración:

—Ésta, ésta es la buena.

Y yo entonces, carente de sentido crítico, me olvidaba de la *primaria* y me hinchaba como un pavo real. Me sentía padre de la Montesa.

—¿Has oído?

—Sí.

—¿Qué te parece?

—Que cómo serán las otras.

Yo me irritaba con mi mujer, auténticamente me encolerizaba como si en lugar de un paciente usuario de la Montesa fuese su diseñador. Yo amaba a la Montesa, a pesar de sus defectos, como un amante ejemplar, y quería creer que aquellos mirones ocasionales y desinteresados tenían razón.

—Si no fuese por la *primaria*, esta moto sería tan buena como las inglesas.

Con los años, el fabricante puso la *primaria* en baño de aceite pero yo ya había dejado de ser un usuario de la Montesa e ignoro si sería mejor o peor que las motocicletas inglesas. Lo cierto es que, a los pocos días de recibirla, ante la admiración de la gente (hacía más de doce años que no se veía un motor nuevo en la ciudad) invité a los amigos a probarla en la cuesta de Boecillo, quizá para desquitarme de tantos ahogos como me había ocasionado con la bicicleta. Y, uno tras otro, subí el repecho una docena de veces a todo lo que daba el puño. La demostración de potencia fue un éxito (creo de buena fe que aquella prueba redundó en beneficio de los fabricantes de motocicletas) pero cuando ya entre dos luces regresaba a casa con mi mujer, comentándolo con orgullo, el motor empezó a tartamudear y finalmente se paró. Mi mujer, iniciada ya en la mecánica, poco versada en motores de explosión, apuntó sin descomponerse:

—Me parece que se ha roto la *primaria*.

Pero esta vez no era la *primaria*. A la mañana siguiente llevé el vehículo al tallercito que la marca había montado en una calle apartada de la ciudad y el técnico, tras un somero reconocimiento, me espetó:

—¿La ha forzado usted?

—No señor; ayer hice cincuenta kilómetros a todo tirar.

—Pues no lo entiendo; la ha quemado.

—¿Que he quemado, qué?

—La junta de la culata; ¿cuál va a ser?

Me libré mucho de aludir a la prueba del día anterior, las doce ascensiones consecutivas de la cuesta de Boecillo con un paquete detrás, el puño a tope; es más, me fingí defraudado:

—Luego dicen que es tan buena.

—Es buena si se la sabe cuidar.

A los pocos días, la Montesa petardeaba de nuevo por las calles de la ciudad. Mi mujer había realizado su línea con unas elegantes albardas de piel de becerro y en ellas, aparte llaves inglesas, equipaje y provisiones de boca por un por si acaso, llevábamos siempre dos cadenas primarias a estrenar.

Pero, a pesar de tantas precauciones y de ser la mejor del mercado, había días en que el motor no obedecía al pisotón de puesta en marcha. Lo intentaba inútilmente dos o tres veces y, ante la falta de respuesta, los mirones empezaban a arremolinarse. Nunca he oído comentar la afición de los españoles por los motores. Se ha dicho del español que es taurino, envidioso, pícaro, ladrón, rijoso, vago, pintor, infinidad de cosas, pero lo que no se ha dicho nunca que yo sepa es que todo español lleva dentro un mecánico en ciernes. Armar y desarmar motores es una auténtica pasión nacional. Imaginen ustedes lo que sería mi ciudad, después de tres lustros a dieta, ante la aparición de la primera moto. Aquello fue algo así como la llegada de una mujer a una isla habitada solamente por hombres. Ver poner en marcha una motocicleta constituía ya un espectáculo. Intentarlo y advertir que fallaba era casi la garantía de un espectáculo prolongado. Ver extender la gamuza grasienta sobre la acera y llenarla de tuercas suponía que la distracción mañanera estaba asegurada. De ahí que durante esos años la gente desocupada caminara por las calles al acecho de las motos. Y tan pronto sorprendía una que se resistía a arrancar, se detenía y armaba corro, como hacía antaño cuando el macho que tiraba del carro del lechero resbalaba en el asfalto y se caía. Había espectáculo por delante. Y al español, tanto como armar y desarmar motores, le ha gustado siempre el espectáculo gratuito. Yo he tenido la fortuna de nacer en este país de mecánicos *amateurs*, pues mi disposición hacia la técnica ha sido nula. Por esta razón cada vez que daba un tacomazo a la puesta en marcha de la Montesa y el motor no respondía, intuía que no me encontraría solo. En efecto, al segundo tacomazo ya eran seis o siete los mirones que contemplaban solazados mi esfuerzo inútil. Al tercero, pasaban ya de una docena. Y, al cuarto, surgía del corro el diagnóstico espontáneo:

—Eso es cuestión de carburador.

Yo ponía cara de sabelotodo.

—Me temo que no. Ayer lo revisaron en el taller.

Propinaba una serie de pisotones fallidos sobre el pedal de la puesta en marcha, al cabo de los cuales el espontáneo confirmaba:

—Eso es cuestión de carburador.

Yo sonreía.

—Sospecho que está usted equivocado.

—¿Permite?

Yo esperaba siempre este *¿permite?* como

agua de mayo. El espontáneo se despojaba de la americana, se aflojaba la corbata, ponía rodilla en tierra, extendía la sucia gamuza sobre la calzada, y empezaba a amontonar en ella tornillos, arandelas, tuercas y pasadores, con auténtica fruición. Seguramente en su fuero interno daba gracias al cielo por este encuentro casual que le había permitido poner sus manos pecadoras sobre una moto recién estrenada. En derredor crecía el corro de curiosos, alguno de los cuales, verde de envidia, entablaba un pequeño coloquio con el espontáneo.

—Eso no hace falta que lo quite. Así se puede estar usted hasta mañana.

—Usted ¿qué sabe de esto?

—¡Más que usted!

El espontáneo hacía gala de sus derechos.

—Mire, pues haber venido antes.

El espontáneo sudaba, se tumbaba de costado, decúbito prono, metía el destornillador por los huecos más inverosímiles y, al final, tomaba con dos dedos una pieza pringosa y soplaba con toda su alma por el agujero del centro. Después de su resoplido, iniciaba el montaje, iba colocando pieza tras pieza, atornillándolas. Sus manos se ennegrecían como las de un carbonero, brillantes de grasa. Al cabo de media hora se incorporaba pesadamente, cogía la gamuza y se las limpiaba un poco. Algún mirón compasivo le ayudaba a ponerse la americana. Señalaba el vehículo como la comadrona al niño recién nacido, con amor profesional, con una sonrisa apenas esbozada.

—A ver. ¡Péguele ahora!

Yo me acercaba a la moto, agarraba los puños y propinaba el taconazo de rigor a la puesta en marcha. El petardeo y el humo del motor envolvían a la concurrencia. El espontáneo, todavía con la gamuza entre las manos, me miraba con un gesto de suficiencia.

—¿Qué? ¿Era el carburador o no era el carburador?

—Sí, señor. Estaba usted en lo cierto.

La moto nos dio unas oportunidades inimaginables de ampliar nuestro radio de acción. Podíamos veranear en algún pueblecito próximo (la moto me llevaba y me traía del periódico a las horas oportunas), nos permitía hacer excursiones, visitar a los amigos, incluso cazar. Recuerdo nuestras primeras salidas cinegéticas en la Montesa. Mi hermano Manolo iba de paquete, pero, pese a estar más grueso que yo e ir detrás, protegido por mi cuerpo, reservaba los números de *El Norte de Castilla* de toda la semana para cubrirse el pecho y el vientre durante el viaje. Al ver sus precauciones, yo, más friolero que él, me colocaba bajo la cazadora los *Nortes* de las dos últimas semanas. La gente aseguraba que el papel abrigaba, pero se conoce que la gente nunca ha viajado en una motocicleta, una mañana de diciembre, con siete grados bajo cero. El frío se filtraba por todos los resquicios, un frío intenso, agudo como un estilete, que no se detenía ante nada. Pero había tres puntos del cuerpo que sufrían especialmente los efectos de la congelación: las manos, las rodillas y la nariz. Yo llevaba las manos embutidas en guantes de aviador pero, pese a esta precaución, los dedos se me hinchaban como chorizos, hasta el punto de no sentirlos. A veces, en el temblor helado de la madrugada, me daba por pensar en la *primaria* y en quién sería el guapo capaz de cambiarla si se rompía, pero movía la cabeza para ahuyentar el mal pensamiento. Con las rodillas ocurría un fenómeno singular: primero se notaba en ellas frío, luego una vaga sensación como si se fueran inflamando, después dolor intenso y, por último, nada, eran como dos bultos de cristal, sin articular, ajenos al cuerpo. Y así, con las piernas a medio flexionar y las perdices congeladas a mi costado en absurdas posturas, me presentaba en casa. Lo curioso es que yo no era consciente de mi anquilosis, pero mi mujer, la primera vez que me vio agachado, con las piernas flexionadas, me dijo sorprendida:

—¿Puede saberse por qué andas así?

—Que ando, ¿cómo?

—Como despatarrado. Como Groucho Marx. ¿Es que me estás tomando el pelo?

Recuerdo las idas y regresos de las cacerías con verdadero horror. La gruesa bufanda, que me daba tres vueltas a la boca, me devolvía en principio el calor de mi aliento y resultaba confortadora, pero a medida que transcurrían los kilómetros acababa transformándose en un cilindro de hielo que además de congelarme la nariz me la iba limando con el traqueteo como si fuese papel de lija. Al concluir el viaje, había de sacármela entera por la cabeza como un turbante porque era imposible desenrollarla. Pero Manolo y yo seguíamos saliendo cada domingo, desafiando a los meteoros. Podía más nuestra afición. Hasta que una noche, al acostarme, después de una de estas cacerías, sufrí un cólico nefrítico. Pasé la noche en un grito y apenas amaneció Dios ya estaba el doctor poniéndome una inyección de metasedín.

—Yo no sabía que el frío podía provocar un cólico, doctor.

—Mire usted, andar en moto con seis grados bajo cero puede provocar un cólico y todo lo que usted pueda imaginar.

Ante esta amenaza fuimos espaciando nuestras salidas, limitándolas a los días blandos o a cazaderos próximos. Con todo, no dejaba de reconocer que la moto en invierno era un instrumento de tortura. Todo lo que en verano encerraba de fruitivo tenía en invierno de mortificante. Salir a codornices en agosto constituía un placer inigualable. La velocidad, en las primeras horas de la mañana, producía una brisa tonificante, embriagadora. Y otro tanto acontecía al anochecer, ya de regreso, con el aroma balsámico de los pinares. Pero en esa estación y especialmente en los crepúsculos, existía un riesgo no despreciable: la avispa. El conductor, yo en este caso, iba barriendo el espacio con su cuerpo, arrastrando con él todos los insectos imprudentes que se interpusieran en su camino. El pecho del motorista, como los faros del automóvil, era semejante a un gran papel matamoscas. Así, al llegar a nuestro destino, mi regazo era un pequeño cementerio de mosquitos, moscas, hormigas voladoras, polillas, libélulas y mariposas. Un entomólogo hubiese sido feliz analizando todo lo que en verano vuela en Castilla de madrugada o al anochecer. Pero, naturalmente, de vez en cuando, un ciervo volador con sus élitros almidonados rebotaba en mi frente y me descalabraba. Otras veces era una avispa perezosa, recién salida del avispero o de retirada, lo que cazaba mi cuerpo. En estos encuentros ingratos podían ocurrir dos cosas: que el insecto muriera del golpe, en cuyo caso era uno más a engrosar el cementerio entomológico de mi regazo, o bien que quedara conmocionado, rodara entre mis piernas hasta la punta del sillín y, una vez recuperado, al no poder volver a despegar debido al fuerte viento, se revolviera y picara allí donde al motorista más podía dolerle. Dos avispas me picaron en esa parte, punzadas lancinantes que casi me hicieron perder el control de la máquina. Y aunque el accidente no fuese cosa de todos los días, las consecuencias resultaban tan dolorosas que me indujeron a colocarme un protector de cuero a manera de mandil, que me cubría, con mis atributos, la parte alta de los muslos. Fue una idea genial que, debido a la celeridad con que siempre he vivido, no llegué a patentar, lo que, sin duda, me hubiese proporcionado un desahogo económico considerable.

Ganado por la fiebre de la invención traté de descubrir algo que permitiera ampliar las plazas limitadas de la moto. Particular-

101

mente en la caza, Manolo y yo echábamos en falta un tercero (y quizá un cuarto) para armar la mano en el monte o la ladera. Había, pues, que inventar alguna cosa que no supusiera una carga excesiva para la pequeña potencia del motor. Es obvio que lo que yo debí inventar entonces fue el sidecar pero no se me ocurrió o, si se me ocurrió, lo deseché como un estorbo que envaraba a un vehículo flexible, un vehículo que formaba cuerpo con uno y se adaptaba a los peraltes de las curvas como la mano al guante. De este modo surgió la peregrina idea del remolque, la moto con jardinera, esto es, una bicicleta atada al soporte que, sin agarrotar al motorista, permitiera al ciclista los mismos movimientos elásticos que a aquél. Pasábamos aquel verano en Boecillo, en una casita solitaria en la falda de la cuesta, y Manolo, mi hermano, que cumplía el servicio militar, al estar mis padres fuera, iba todas las noches a dormir allí. De este modo, una mañana que libraba, pudimos ensayar el invento. La cuerda que unía el soporte de la moto con la barra frontal de la bicicleta debía tener al menos una longitud de cinco metros para darle juego y ser fina pero resistente. Mi mujer y mis hijos (entre uno y cuatro años) asistían con curiosidad al primer ensayo y, cuando

102

yo, caballero en la moto, inicié el tirón y Manolo, conduciendo la bicicleta, me siguió, las dos manos en los frenos, aplaudieron con entusiasmo. Pero, inmediatamente después, se produjo la catástrofe. Al desembragar yo y cambiar de marcha, la moto dejó momentáneamente de tirar, para, una vez metida la segunda, hacerlo con más energía que antes, con lo que la bicicleta se precipitó contra ella, mi hermano frenó para impedir el topetazo, la rueda trasera derrapó en la grava y el remolque con su ocupante cayeron a tierra. No contento con el tantarantán todavía le arrastré tres o cuatro metros por la carretera, y cuando quise darme cuenta y corrí hacia él, le encontré hecho un harnero, llagado en manos, piernas, pecho, cara y caderas, desollado, pero riendo con todas sus ganas. Fue necesario internarle en el hospital, darle unos puntos de sutura y ponerle la vacuna antitetánica, que por aquel entonces era un pilar de iglesia. De este modo desaparecieron para siempre mis tufos de inventor y continué con la moto de dos plazas, más una tercera, para un niño, a caballo sobre el depósito de gasolina, para distancias cortas.

Habituado a la máquina, bien pertrechado y con seis cadenas primarias de repuesto en las bolsas de becerro, di en pensar en más largos desplazamientos. La disculpa fue la de siempre: mi mujer, sujeta todo el año a los niños, necesitaba descansar una temporada; la convenía, pues, hacer un viaje. Así surgió la idea de irnos a Santander, por Sedano, y pasar allí tres o cuatro días. La excursión resultó tan agradable que la escapada a la playa se convirtió en una exigencia anual. No hay que decir que al peso de los dos ocupantes —120 kilos— había que añadir el de las albardas bien provistas de herramientas, repuestos, ropa y provisiones de boca, con lo que empecé a dar la razón a quienes aseguraban que la Montesa era *la buena*. Recuerdo la primera vez que llegué a Sedano en olor de multitud, la moto aparcada en los soportales de la plaza, con la grasa, el polvo y la pesadez del viaje agarrados aún a sus ijares. Nieves Gallo fue la primera en descubrirla.

—¿Habéis visto el artefacto que se ha traído don Miguel? Ahí, en la plaza está.

Jóvenes y viejos desfilaron por la plaza para verla. Enseñados a la tracción animal, se hacían cruces ante aquel artilugio negro y niquelado, que podía transportar a dos personas en unas horas a quinientos kilómetros de distancia.

—¡Joder!

104

En poco tiempo la moto se convirtió en un trasto corriente, estrepitoso e inaguantable. Pero en aquellos años cuarenta, inhabituados a los vehículos a motor, hasta su petardeo regular e hiriente producía un cosquilleo de placer. Aquello era una síntesis del progreso. La distancia ya no contaba para el hombre. Sin embargo, al año siguiente, mi mujer y yo comprobamos, con pesar que en el trayecto se alzaban algunas pendientes con las que no podía la Montesa. No eran más que cuatro o cinco pero nos las fuimos aprendiendo de memoria y, con mayor o menor aproximación, el instante en que convenía aligerar de peso al vehículo. La primera vez que el motor se agotó, nos apeamos los dos y empujamos la moto hasta la cumbre, conversando. Pero en la segunda nos dimos cuenta que bastaba con eliminar los cincuenta kilos de mi mujer para coronar el repecho desahogadamente. Con la práctica, la operación llegó a ser perfecta, y aunque yo procuraba apurar el resuello de la moto para evitar fatigas inútiles a mi esposa, ella, en cuanto advertía que metía la primera velocidad ya estaba brindándose abnegadamente para el sacrificio.

—¿Salto?

—Espera un poco.

El ronroneo se hacía arrítmico, se debilitaba.

—¿Me tiro ya?

—Un momento.

Se abría un silencio crepuscular, ese silencio tenso que preludia la acción. Al fin yo, como un capitán de paracaidistas, daba enérgicamente la orden:

—¡¡Salta!!

Mi mujer se apoyaba en el extremo anterior del soporte, y saltaba hacia atrás, la moto, libre de lastre, se recuperaba, sus explosiones se hacían más cadenciosas y regulares y, si la escarpa no era extremada, hasta me permitía alargar la velocidad. Ya en la cima, apagaba el motor, aparcaba la máquina junto a la cuneta y me ponía a liar un cigarrillo.

—¿Te cansas? —voceaba al ver aparecer a mi mujer en la última curva del camino.

—Al contrario. Me gusta —solía traer una ramita de helecho entre los dientes.

—Ten en cuenta que ahora, en La Cotera, tendrás que bajarte otra vez.

—No me importa.

Mimábamos a la Montesa como a un caballo de carreras. La considerábamos una parte de nosotros mismos. A los pocos automóviles que entonces circulaban los mirábamos con desdén, como transportes apropiados para enfermos o valetudinarios. La moto, en cambio, era un vehículo alegre, juvenil, una cosa viva. Hasta tal punto era algo vivo que, cuando cambiaba de paquete, la máquina lo extrañaba, protestaba, como ocurre con los bebés y los perros ante personas ajenas a la familia. Nunca olvidaré la tarde que tuve que trasladar a mi padre, a punto de cumplir los ochenta años, de Tordesillas a Valladolid.

—¿Por qué no coges el coche de línea, padre?

—Mejor en la moto, ¿no? Me gustaría probarla.

Desde que la compré tenía ese antojo, y, aunque a mí me asustaba la idea, no me opuse; le sujeté los zapatos en los posapiés y le di unas instrucciones sumarias: debería dejarse llevar naturalmente, sin hacer resistencia, sin tratar de conducir la moto a través de mi cintura ni desequilibrarla con movimientos bruscos. Aceptó con entusiasmo, incluso con deseos de colaboración, pero, una vez que metí la directa y aceleré, se agarró a mis ijadas como un pulpo (como en tiempos debió de agarrarse a los puños del biciclo) y con las dos rodillas descarnadas, duras como piedras, me oprimía las caderas con todas sus fuerzas, obligándome a cambiar de dirección. Sin pretenderlo, él mandaba. Íbamos de cuneta a cuneta en cerrados zigzags, como borrachos.

—¡Cuidado, hijo!

—¡Afloja las rodillas que nos matamos!

Le oía resoplar atrás a cada ese, como si acabáramos de sortear un obstáculo terrible y, cuando al fin me detuve, reconoció que la moto estaba bien, pero que se le había volado el sombrero. Regresamos a casa a veinte por hora, como el viejo biciclo, para evitarle un trauma.

Los años de la moto fueron sin duda años duros pero felices. Detrás vinieron el Cuatro-cuatro, el Seiscientos, el Dos Caballos, vehículos familiares, con motores bien terminados, sin cadena primaria, pero aquellos cacharros, desgraciadamente, no nos hicieron más jóvenes. Habíamos quemado una etapa de nuestras vidas.

V. Un deporte de caballeros

Hay quien llega al tenis desde el ping-pong y le falta mango y hay quien llega al ping-pong desde el tenis y le sobra brazo. Empezar simultáneamente con ambas actividades es un error. Por la mañana uno tiene el brazo más corto que por la tarde, o a la inversa, y esto resulta desconcertante. Yo he sido un Guadiana en esto del tenis. Empecé a practicarlo de niño, a los trece años, y no se me daba mal. Jugué poco intensamente dos veranos consecutivos, y ya no volví a coger la raqueta hasta cumplidos los cincuenta. Tampoco en esta segunda etapa fui constante, jugué apenas tres primaveras y, de nuevo, lo dejé hasta los sesenta y cuatro, edad provecta, apropiada para jugar dobles con un compañero joven y olvidarse uno de los *singles*. En conjunto no habré jugado al tenis más allá de un *set* por semana durante ocho o diez años de mi vida, con la particularidad de que cuando más fuerte me ha dado ha sido a la edad en que los tenistas aficionados suelen dejarlo.

Por medio, entre los cuarenta y los cincuenta y cinco años, me divirtió el ping-pong. Instalamos una mesa en Sedano y los veranos jugábamos con ahínco diariamente. Con la familia Echeverría, que era larga como la nuestra, organizábamos campeonatos muy caldeados, de los que surgieron grandes ases, como el pobre Juan José, prematuramente fallecido, su hija Loli y mis chicos, Miguel y Germán, que competían ardorosamente con aquéllos. Tanto Juan José, como Loli y mi hijo Miguel, eran jugadores en corto (entre otras cosas porque el habitáculo donde la mesa estaba instalada no daba para más), de recortes y efectos, mientras mi hijo Germán, como luego lo fueron Juan y mi yerno Luis, eran especialistas en juego largo, de mates rasantes, electrizados y brillantes. El *tenisín*, como debería llamarse al ping-pong, es un juego distraído, pero no deja de ser un *fulbito*, es decir, un sucedáneo, un deporte de habilidad, irrelevante como ejercicio físico. Yo, que comencé maduro, nunca llegué a dominarlo del todo, si bien, entre jugadores vulgares, podía causar cierto efecto. Ahora recuerdo dos éxitos, un campeonato que disputamos un verano los periodistas en Monte Corbán (Santander) cuya final me parece que le gané a mi amigo, el granadino Pepe Corral Maurell (a lo mejor me la ganó él a mí, pero es lo mismo) y mi solemne proclamación como subcampeón de tenis de mesa en el trasatlántico *Constitution* en 1964, camino de Nueva York. Fue divertido porque este torneo lo jugué medio mareado pero paradójicamente fue esta contrariedad y el balanceo del barco lo que me permitieron ganar la copa. Quiero decir que yo actué decidido, soltando el brazo, sin mis habituales reservas, deseando acabar pronto, pero la suerte quiso que los maretazos fuesen a levantar el tablero por donde a mí me convenía, de tal forma que no perdía comba y la concurrencia se hacía lenguas de mi precisión. Al finalizar, ante las eufóricas copas de *champagne,* y en un clima de confianza, mi rival italiano en las semifinales me preguntó si era cierto que yo era jugador profesional en mi país. Fue tanto mi estupor que le hice repetir la pregunta hasta tres veces y, a la tercera, se me

111

cayó la copa de la mano y hubo que recurrir al lampazo para baldear un trozo de cubierta, y evitar accidentes debido a los vidrios rotos. ¡Así se escribe la historia!

Lo cierto es que yo jugaba al ping-pong para sustituir al tenis, por falta de canchas y por la complicación de los desplazamientos. Pero llegó un momento, quizá en la primavera del sesenta y siete, en que me vi en la necesidad de desfogarme de otras contrariedades, y como mi amigo José Luis Pérez Pellón experimentase esta necesidad al mismo tiempo que yo, acordamos hacernos socios de la Real Sociedad Deportiva y jugar un par de *sets* muy de mañana, antes de iniciar el trabajo cotidiano. Recuerdo que José Luis, que tenía el caro vicio de los coches despampanantes (a pesar de ser padre de familia numerosa), había comprado un Jaguar descapotable y cada mañana me esperaba con él, a las ocho, a la puerta de mi casa. Yo bajaba con mi atuendo apropiado, depositaba las raquetas y los tubos de las pelotas sobre la capota plegada y salíamos a cien por hora Paseo de Zorrilla adelante, entre la alarma y la envidia de los viandantes. Nuestra imagen juvenil y pinturera a bordo del Jaguar descapotable, más propia de Niza que de la Meseta, volvía a llamar la atención de los transeúntes una hora más tarde, a nuestro regreso, ya desfogados. Despreocupado del que dirán y de las habladurías propias de una pequeña capital de provincia, mi mujer me sorprendió un día al referirme su conversación con una vecina. Parece ser que aquella señora tenía de mí un concepto que no casaba con mi uniforme deportivo, las raquetas sobre la capota abatida y el Jaguar descapotable.

—¿Es que le ha pasado algo a tu marido?

—¿A qué te refieres?

—Bueno, en realidad, ni siquiera estoy segura de que sea él, pero cada mañana, al ir a misa, veo pasar a un tipo en un Jaguar descapotable que se le parece mucho.

—Es mi marido, claro. Ahora le ha dado por jugar al tenis.

—¡Qué gracia! No le pegaba nada.

Reservaba la contundencia de su juicio para ocasión más propicia, pero lo cierto es que para un sector de la ciudad, que me consideraba un hombre austero, antifrívolo, morigerado y circunspecto, supuso una extravagancia verme, con la raqueta en la trasera, en un Jaguar descapotable, a cien kilómetros a la hora. Por entonces, en España se tenía un concepto muy limitado del deporte; entre hombres sólo contaba el fútbol, y al que intentaba jugar a otra cosa se le consideraba un *snob* o un afeminado. Mas si lo que jugaba era tenis y para desplazarse a la cancha utilizaba un Jaguar descubierto, entonces aquel tal no era más que un *play boy* despreciable que se había equivocado de medio a medio. En los años sesenta, aun en sus postrimerías, no valían de nada las explicaciones. Lo que contaba era la imagen. Y mi imagen, por culpa del Jaguar, se deterioró mucho en aquellas tres primaveras que duró la experiencia. Y el caso es que mi compañero de juego, José Luis Pérez Pellón, era un trabajador concienzudo, de vida ordenada, poco dado a la proyección social, pero su comprensible debilidad por los cochazos descapotables prevaleció sobre todo lo demás. Él y yo éramos unos *play boys* que sólo nos preocupábamos de lucirnos y de jugar al tenis mientras los demás trabajaban. El cambio que yo había dado era lo último que podían esperar de mí algunos convecinos.

En rigor, lo que yo pretendía a finales de los sesenta era, como ya he dicho antes, desfogarme de ciertas contrariedades y comprobar si mis pinitos de los años treinta habían servido para algo. Pero, de momento, la teoría tenística volvió a desconcertarme. Ya de chico me resistía a admitir algunas cosas en este deporte que entonces se calificaba *de caballeros*. Siempre he sido hombre de sentido común y, de niño, además, muy testarudo. Por eso rechazaba de entrada la manera tan peregrina de contar los tantos en el tenis. Me parecía escandaloso que un tanto valiera quince pero, una vez admitido esto, yo no podía aceptar que el tercero, aunque fuese más meritorio, valiera solamente diez. Es decir, el 15-30-40-juego carecía de sentido para mí. ¿Por qué 40 y no 45? Y ¿por qué 15 y no 1? Lo razonable me parecía que el tanteo fuera 1-2-3-juego, pero aceptado el artificio del 15-30 ¿a qué ton el capricho del 40?

—¿No es absurdo todo esto?

—Mira, absurdo o no, así está establecido.

—Y ¿quién lo ha establecido?

—El que lo inventó. De modo que ya lo sabes: Lo coges o lo dejas.

Jugaba a regañadientes y cantaba manifiestamente disgustado las cifras del tanteo.

—Treinta-cuarenta —decía con retintín—. Ya ves tú qué bobada.

—Y ¿qué?; lo mismo te da.

—Pues no me da lo mismo. Supongo que este rompecabezas tendrá algún sentido, pero a mí no se me alcanza.

—¿Por qué no escribes a los ingleses?

Uno, desde niño, ha tenido un concepto

bastante plebeyo de sí mismo por lo que aquel barniz aristocrático de la jerga tenística, al margen de las veleidades del tanteo, no dejaba de impresionarle. El tenis era, en realidad, un deporte para caballeros. Uno estaba acostumbrado a sacar cuezo cuando jugaba a las canicas o a tirar una falta, si jugaba al fútbol, en el momento en que el guardameta estaba más distraído, por eso le impresionaba más aquel *play* condescendiente del jugador que sacaba la bola y más aún que se abstuviese de hacerlo en tanto su contrincante no respondiese *ready*. Mas entre chicos españoles y en 1934 los buenos modales y los vocablos ingleses duraban poco.

—Te he preguntado *play*.

—Pues no lo he oído. Saca otra vez, y si no te da la gana lo dejamos.

En España, hasta el tenis dejaba de ser un deporte entre caballeros en aquella época. Y el caso es que mientras la sangre no se calentase, uno se refocilaba con aquella terminología inglesa que parecía que le vestía de etiqueta, que le transformaba en un *sir* por el mero hecho de utilizarla. De este modo yo procuraba olvidarme del absurdo del tanteo y voceaba *play, ready, out, drive, deuze, net,* con complacencia íntima, utilizando un nasal acento cosmopolita. Por

116

esta razón las tardes en que jugaba al tenis, regresaba a casa como más refinado, más pulido, menos celtibérico.

—Está bueno este consomé.

Mi pobre madre que sabía de mi aborrecimiento hacia aquella reiterada sopa de lluvia me decía con cierta sorna:

—Qué fino vienes hoy. ¿Es que has estado jugando al tenis?

Seguramente por esto no me molestó que el Jaguar descapotable de José Luis se detuviera a la puerta de mi casa treinta y cinco años después. Una segunda naturaleza, que yo tenía normalmente sofocada, se complacía en estos ritos. Tal vez no somos lo que aparentamos; quizá nuestra imagen no sea más que una máscara. Pero, al margen de tales fruslerías, cuando reanudé la práctica de este deporte me di cuenta que no había olvidado la terminología, ni los golpes cortados, ni las dejadas, ni el juego de fondo, ni el salto a la red después de enviar una bola obligada, ni el saque, ni el resto, ni las normas fundamentales. Se dice de la bicicleta y la natación que son deportes que nunca se olvidan. Yo creo que ningún deporte practicado de niño resulta nuevo para el adulto. Nada de lo aprendido de niño se olvida después, todo se recuerda llegada la hora de la reanudación. Por eso, en principio, yo vencía a José Luis, pero José Luis, que era más joven que yo, acabó venciéndome por cuestión de resistencia. Aquellas frescas mañanitas en las canchas de la Deportiva resultaban tonificantes. A veces, mi hijo Miguel llegaba de Madrid, donde estaba estudiando, y se apuntaba a la expedición, al Jaguar y a todo lo demás. Algunas mujeres, muy pocas, acompañaban a sus maridos o a sus novios, pero nunca constituyó problema encontrar pista a tales horas. Un día, José Luis tuvo que salir de viaje y al encontrarnos solos Miguel y yo en el club con otra pareja, Unzu, el navarro, antiguo campeón de pala, y Pérez del Río, el farmacéutico, que tampoco gustaban de los *singles*, acordamos enfrentarnos. El amor propio que siempre he puesto en los juegos ha sido una de las constantes de mi carácter. Unzu y Pérez del Río arrastraban fama de ser una de las parejas más sólidas del tenis vallisoletano y ganarles hubiera sido una proeza. He de empezar por decir que la experiencia tenística de mi hijo Miguel era aún más corta que la mía, pero, a pesar de ser un hombre mesurado, de los que creen de verdad que lo importante es participar, logré transmitirle mi amor propio y la *necesidad* de ganar al campeón navarro de pala y al farmacéutico. Como da-

118

tos para la historia añadiré que aquel día era sábado y aproximadamente las once de la mañana cuando empezamos el *set*. A la una del mediodía, el tanteador señalaba un 16-15 a nuestro favor y tanto mi hijo como yo, que estábamos dando la réplica a base de tesón y carreras sin medida, mostrábamos un notorio cansancio. Pero las alternativas del marcador, naturalmente siempre mínimas, nos espoleaban, 16-16, 16-17, 17-17, 18-17... Íbamos cantando los juegos con unción, esperando que la mínima diferencia del momento fuera la última, y la victoria nos sonriera en el próximo. Mas el juego siguiente era para el navarro y su compañero y el otro para nosotros, tan equitativamente repartidos que se hizo la hora de comer sin que aquello —25-25— se hubiera resuelto. El sudor nos escurría por los costados y nuestros rostros encendidos presagiaban la apoplejía. Pero cuanto más se prolongaba aquel *set* más ardor poníamos en ganarlo y más lejos estábamos de abandonar. Yo creo que entonces no existía eso de la *muerte súbita* o si existía nos parecía de maricas apelar a tan cómodo expediente. Un recurso así estaba bien para los extranjeros pero no para una pareja de españoles procedentes de la bicicleta y el fútbol. Así es que continuamos. El pelotari na-

119

varro y su compañero acusaban asimismo el calor y el cansancio, pero quizá porque les veía a mayor distancia, la red por medio, se me hacía que su agotamiento no alcanzaba los extremos del nuestro. De todos modos, llegaban a las bolas con las rodillas flexionadas, arrastrando las playeras, levantando polvo, y respondían a nuestros débiles pelotazos con pelotazos no más recios, sin preocuparse de la colocación. Para Miguel y para mí, no existía otra aspiración que la de salvar la red con la pelota, sobrepasarla. Todo eso de buscar las esquinas, los mates, las bolas en profundidad, excedía de nuestras facultades. Conservábamos unas reservas físicas tan menguadas que había que administrarlas y llegados al 31-31 yo estaba literalmente derrengado, aunque dispuesto a seguir hasta el 90-90. Pero para cualquier espectador neutral que se hubiera acercado a la cancha (hacía dos horas que el último se había marchado a comer) aquello era un deplorable espectáculo en el que los cuatro contrincantes parecíamos cuatro agonizantes arrastrándonos por las arenas del desierto, a punto de sucumbir. Pero proseguíamos. Haber sugerido entonces la posibilidad de aplazar la pugna hasta la mañana siguiente hubiera sido una claudicación, una prueba de infe-

120

rioridad física vergonzosa. Jugábamos en sepulcral silencio, las bocas secas, los movimientos automáticos, vacilantes. Miguel boqueaba y yo resollaba como un perro en agosto. Nos comportábamos como un juguete mecánico al que alguien hubiera dado cuerda para su entretenimiento, pero con poca cuerda ya. Finalmente, con el marcador 38-37 y 40-30 a favor del navarro y el farmacéutico, una pelota de *set* me botó tres metros delante, fácil, blanda, a placer, pero cuando acudí a ella con los poquísimos arrestos que conservaba, los pies se me cruzaron, chocó uno con otro, y besé el suelo entre una nube de polvo. Unzu, el navarro, y el boticario corrieron hacia mí, yo pensaba que para auxiliarme, pero cuando el pelotari me vio humillado mordiendo la tierra batida, arrojó la raqueta al aire, levantó los brazos en forma de uve y voceó estentóreamente:

—¡Hemos ganado!

No hay que decir que aquel partido trajo cola. La llegada a casa a las cuatro y media de la tarde, extenuados, sin comer, fue una tribulación. Nadie nos comprendía. En cambio, en los vestuarios de la Sociedad, durante aquella primavera no se habló de otra cosa. Había un muchacho, muy competitivo él, que aseguraba que en los anales del tenis no se conocía un *set* tan largo y que lo iba a brindar para que lo incluyeran en el libro de los récords. Otro, más comedido, prometió escribir a Lily Álvarez preguntándole si conocía un caso semejante. De cualquier manera, entre los tenistas de la ciudad, cuando algo se prolongaba demasiado, empezó a recurrirse a una frase acuñada por entonces:

—Esto es más largo que el *set* de Unzu y Pérez del Río contra los Delibes.

Hace cuatro años, cuando reanudé la práctica del tenis de un modo regular —dos días a la semana—, resolví íntimamente dos cosas: primera, no jugar nunca individuales y, segunda, aceptar como buena la mínima diferencia, o sea ganar o perder por un solo juego —6-5— y si a los ingleses no les gustaba que les diesen tila. De esta manera, uno tiene la relativa seguridad de que a sus sesenta y ocho años ningún forense va a tener que hacerle la autopsia en plena cancha. Otra cosa que, aunque no estatuida, también procuro respetar es la proporcionalidad de edad en las parejas, es decir, busco un joven para acompañar a un viejo. Con ello no sólo trato de equilibrar el juego de los contendientes sino el resultado. Éste es el secreto de que un tipo de la tercera edad pueda seguir dándole a la raqueta con cierto garbo. La posibilidad de vocear «¡tuya!» al joven compañero cada vez que el adversario nos sorprende con una *dejada*, aunque sea en nuestro campo, es muy tranquilizadora. Esto es, el tenis de dobles, mientras uno de los dos aguante, puede practicarse sin limitación de edad, hasta que la artrosis nos lo impida. Estos trucos se descubren cuando uno se va insertando en la vejez. Mi retorno al tenis a los sesenta y cuatro años me permitió descubrir, además, otras novedades que revelaban un cambio apreciable en la sociedad española. El Jaguar descapotable de José Luis Pérez Pellón, con las raquetas y las bolas en la bandeja trasera, por ejemplo, no hubiera desacreditado mi imagen de hombre austero en 1985. Por otro lado, al generalizarse el acceso a lo superfluo, el fútbol dejó de ser el único deporte del país. Empezaba a surgir gente para el tenis, el baloncesto, el balonmano, el hockey, el rugby, la natación, el atletismo y otras manifestaciones deportivas. Item más, al popularizarse, el tenis dejó lógicamente de ser un deporte distinguido y aunque continuara siendo un deporte entre caballeros, ningún tenista se esforzaba ya en demostrarlo. Nadie preguntaba ¿*play?* antes de poner en juego la pelota, ni esperaba la respuesta, *ready*, para

123

impulsarla. Sacaba y listo. Yo, seguramente por añoranza, intento cada día resucitar las arcaicas fórmulas señoriales, pero con poco éxito. Algún hijo, mi yerno Pancho por complacerme, me siguen el juego, pero pare usted de contar. En cuanto me ausento de la cancha el *play* y el *ready* tradicionales se van a hacer puñetas. En una palabra, no consigo restaurar tan distinguidas costumbres. A lo sumo, los tenistas actuales con los que me enfrento, anuncian el saque de una manera abrupta: «¡Va!», dicen como cualquier chico de la calle. Y el resto responde con otro monosílabo, «Sí», o a lo sumo, el más cortés, voceará «¡Viene!», pero no pasarán de ahí. Los vocablos ingleses, no sé si por la cuestión de Gibraltar, se han arrumbado de manera definitiva. Ahora se emplea un *no* categórico, castellanísimo, ambiguo y polivalente que se utiliza para todo, para comunicar que la pelota ha dado en la red, que no ha entrado el servicio, que la bola se ha ido por un costado, o que ha rebasado la línea de fondo.

—¡No!

Nadie preguntará nada. Todo el mundo sabe a qué atenerse. El significado de la brutal negativa lo facilita la incidencia del juego. *No* y basta. El tenis ya no requiere buenos modales ni distingue a quien lo

124

practica. El americano McEnroe es un ejemplo muy expresivo al respecto. Este deporte ha dejado de ser una escuela de buenas costumbres. Diría más: la gente joven y de cuna ilustre suelta tacos cuando falla un golpe fácil o dice *mierda* a boca llena y, por supuesto, no en inglés. Esto trae como consecuencia que el muchacho zafio que acaba de jugar un *set*, no experimente ya ninguna transfiguración, ni ante el cotidiano plato de sopa de fideos que le aguarda en casa tendrá la deferencia de decirle a su madre que «está sabroso el consomé». Decididamente jugar al tenis ha dejado de ser un signo de distinción y la imagen de *play boy* ya no le cuadra al tenista aunque se desplace a la cancha en un Jaguar descapotable.

VI. El mar y los peces

La pesca del cangrejo era un recurso que mi padre aprovechaba para sacarnos a tomar el aire en primavera. Mientras permanecíamos en Valladolid, solíamos ir a la Esgueva, bien a Renedo o, valle arriba, hasta Esguevillas o cualquier otro pueblo intermedio. La Esgueva fue un río pródigo en cangrejo de pata blanca (un crustáceo verdoso, no exageradamente grande ni de pinza muy desarrollada, pero sabroso). Lo malo de la Esgueva, como de casi todos los ríos y arroyos de llanura, era que sus aguas bajaban turbias a causa de la erosión y entre esto y que la pesca del cangrejo era crepuscular, tirando a nocturna, no se veía lo que se pescaba hasta que el retel afloraba y

127

uno le alumbraba con la linterna. Este defecto lo soslayé años después, cuando ya de adulto, me dediqué al cangrejo en los ríos Moradillo y Rudrón, en Burgos, de aguas cristalinas y oxigenadas, con lo que la pesca de este crustáceo dejó de ser una actividad ciega. Cuando el cangrejo proliferaba y los ríos eran libres, yo solía llevar a mis visitantes, particularmente si eran extranjeros, a pescarlos con retel y no recuerdo de ninguno que saliera defraudado con la experiencia. Echar el retel (cebado con tasajo, o con bazo de caballo) y dejar que se posara en el lecho del río, promovía a los pocos segundos una actividad sorprendente. El cangrejo salía de bajo las piedras o de entre las hojas muertas de la orilla y se encaminaba hacia el aro. En unos minutos, el lecho del río era un tropel de cangrejos, unos grandes, otros pequeños, todos engolosinados con el cebo que blanqueaba en el centro del retel. Las aguas estaban tan limpias que, a pesar de la profundidad, se observaban los movimientos de los bichos como en una pantalla. El cangrejo ante el aro, adoptaba diversos comportamientos. Uno, el más confiado, entraba sin vacilaciones y se ponía a comer. Un segundo titubeaba antes de decidirse. Otros, los más, le rondaban, daban vueltas y vueltas, se detenían, peleaban entre sí y, finalmente, entraban o se alejaban, reculando, recelosos de aquel artilugio que de pronto había irrumpido en el río. Al difidente, si era grueso, aún podía capturársele, pinzándole con la horquilla, y extraerle, acorazado y rojizo, de la masa de agua, salpicando con sus coletazos antes de ser depositado en el fardillo. La abundancia de cangrejos era tal que la diversión estaba garantizada. Luego venía la extracción de reteles, el hervor de los apresados en cada uno (a veces más de una docena) y finalmente, ya en casa, el recuento. La unidad era la docena y creo recordar que en una ocasión llegamos a atrapar más de ochenta. Claro que estoy hablando de los años sesenta, con casi todos los ríos libres y sin limitación de capturas. Pero el automóvil, el nivel de vida, el espíritu de imitación y el despertar del paladar español provocaron una multiplicación de cangrejeros como nunca se había conocido. Cualquier corriente de agua, cualquier lavajo o charca, se veían sometidos a un asedio permanente. Tan fuerte llegó a ser la presión que el Gobierno no tuvo más remedio que intervenir. Extensos tramos de ríos y arroyos fueron acotados, se estableció una medida mínima por unidad, un límite de reteles y un límite de capturas. Es decir, las cosas empezaron a tomarse en serio. Pese a ello, las corrientes pequeñas, poco caudalosas, acusaron esta avidez, se despoblaron. En cambio las corrientes considerables, como el Rudrón, en Burgos, seguían produciendo cangrejos en cantidad. Mas como su cotización subía sin cesar hasta alcanzar en el mercado el precio del caviar, el furtivismo aumentó de tal manera que también estos ríos llegaron a resentirse. Sin embargo, hubo de ser una imprudencia (de las muchas que se cometen en España en el campo biológico) lo que terminasc por dar la puntilla a nuestro cangrejo de pata blanca. El capricho de implantar en nuestra topografía animales que nunca se dieron en ella, llevó a repoblar el Guadalquivir y otras corrientes del sur con cangrejo americano, mucho más prolífico pero menos sabroso, más voraz y más encenagado que el nuestro. Las primeras experiencias resultaron sorprendentes, tanto por la velocidad de reproducción del nuevo crustáceo, como por su capacidad de destrucción de la flora ribereña. Mas con lo que no se había contado era con que este cangrejo, inmune o resistente a la afanomicosis, podía portar la enfermedad y contagiarla. Y la afanomicosis fue el *ite missa est* para el cangrejo oriundo que, en poco más de un año, fue prácticamente barrido de las aguas peninsulares. Bastaba introducir en un río limpio un retel con el que se hubiera pescado en aguas contaminadas para que el cangrejo indígena sucumbiera. Y hoy nos encontramos con que nuestros tradicionales cangrejos han desaparecido, el foráneo ha tomado posesión de nuestras aguas, y aquí paz y después gloria. Nadie se ha rasgado las vestiduras, que yo sepa, ante esta catástrofe ecológica ni se han exigido responsabilidades. El cangrejo americano (más duro de coraza, pinzas alargadas, cola corta, estrecha e insípida) continúa vendiéndose en los mercados, y una clientela de paladar insensible sigue devorándolos como si tal cosa, sin reparar en el cambio. Algunos escogidos hemos abandonado su pesca y su consumo y pare usted de contar. La vida sigue y hasta la próxima.

Pero si el cangrejo era una disculpa para salir al campo, su pesca era una pesca pasiva: la víctima era la que iba y venía, la que se afanaba. El pescador, no realizaba ejercicio físico alguno. Los reteles, separados entre sí por una distancia de diez metros, apenas facilitaban unos breves paseos a lo largo de la ribera. Con la pesca marina, con la pesca de malecón, sucedía tres cuartos de lo mismo: el pescador encarnaba el anzuelo con la lombriz, lanzaba el engaño al agua y a aguardar a que picase el pez. Él no ponía nada de su parte. Era el pez el que hacía por el anzuelo; él se limitaba a esperarlo.

Yo me engolosiné con la pesca de mar al mismo tiempo que con la de la trucha, sobre 1953. Y hasta recuerdo que en mi primer lance con cucharilla desde la punta del espolón, en Suances, tuve la fortuna de enganchar una lubina de ración. Me habían dicho que la lubina era la trucha de mar y entraba a la cucharilla con la misma voracidad que ésta. El primer intento pareció confirmar esta afirmación, pero lo curioso es que aunque repetí el lanzamiento centenares de veces aquel verano, cambiando el color y el tamaño del artilugio, desde tierra y a la cacea, las lubinas no volvieron a sentirse estimuladas. No volví a agarrar una lubina con cucharilla. En lo sucesivo pesqué a fondo, en la ría, con caña larga, cebo vivo y carrete grande, de mar. Esta coincidencia de tener fortuna la primera vez que ensayo algo se ha repetido varias veces a lo largo de mi vida como si el destino quisiera jugar con mis ilusiones. Recuerdo que la primera vez que jugué a la lotería me tocó y algo semejante me sucedió con las quinielas y el cupón prociegos. Naturalmente aquellos éxitos me animaron y probé fortuna varias veces, pero la fortuna no volvió a sonreírme con lo que terminé abandonando el juego. La lubina que entró a la cucharilla en el espigón de Suances forma parte de estos golpes de azar iniciales que carecen de toda explicación lógica y parecen inducidos por un genio burlón.

Mis comienzos como pescador de mar tuvieron lugar, pues, en el Cantábrico, junto a un sordo de Zamora, hombre metido en años, de un egoísmo tan cerrado como su oído, que no vio con buenos ojos la competencia. Amparado en su sordera ni siquiera me saludaba al encontrarnos cada tarde y si yo, como principiante, le hacía alguna consulta a voz en cuello, él volvía hacia mí su rostro avinagrado y me decía:

—¿Es que no se ha dado usted cuenta de que soy sordo?

Mis hijos, muy pequeños entonces, le miraban con cierto temor, pero cuando enganchaba algún pez venían corriendo a comunicármelo:

—El sordo ha pescado un pez muy grande.

Yo me acercaba a él para felicitarle, contemplar el trofeo y romper el hielo, pero él desanzuelaba al pez, lo metía en la cesta sin dejármelo ver y se me quedaba mirando impertinentemente.

—¿Quería usted alguna cosa?

—No. Únicamente quería ver el pez y preguntarle con qué lo había pescado.

Él fruncía la frente.

—No sé qué me quiere decir.

Yo repetía la pregunta, a voces, desgañitándome, pero él volvía hacia mí su rostro impasible y me decía:

—¿Es que no se ha dado usted cuenta de que soy sordo?

Tan altivamente hermético se mostraba aquel buen señor que acabamos pescando codo con codo sin dirigirnos la palabra, sin darnos los buenos días ni las buenas tardes. Pero las relaciones se rompieron del todo el día que tuve la mala fortuna de pescar mi primer pez. Teníamos entonces en casa a una muchacha francesa, de Nancy, Catherine, con la que mi hijo mayor iba a hacer intercambio, y ambos, con mis hijos pequeños y mi esposa, me acompañaban. El sordo zamorano miraba de reojo mis preparativos, mi caña nueva de cinco metros, mi inhabilidad con ella, el plomo con que lastraba el anzuelo y, finalmente, el lance al centro de la ría. Yo no puedo asegurar que sintiese picada alguna en el sedal. Habituado al seco tirón de la trucha, aquel artilugio emplomado para la pesca marina se me antojaba, si no mudo, poco expresivo. Sin embargo, algo debí de notar cuando empecé a recoger hilo y, de pronto, vi centellear entre las aguas alborotadas un pececillo de plata (rigurosamente un pececillo puesto que no mediría más allá de diez centímetros). Pero fue suficiente para que el júbilo de mi joven acompañamiento se desbordara:

—¡Papá ha pescado un pez!

—¡Trae un pez así de grande!

Yo daba vueltas al carrete con parsimonia, orgulloso de mi hazaña, y cuando varé el pez en las piedras del malecón y saltó espasmódicamente en sus postrimerías, mi hijo Miguel se lanzó a por él, pero al instante lo soltó al tiempo que gritaba y se metía un dedo en la boca. Mademoiselle Catherine, sonriente, con una sonrisa comprensiva hacia la inoperancia infantil, avanzó hasta el pez y lo cogió cuidadosamente con ambas manos. Es probable que su alarido se escuchase en París, al tiempo que se deshacía del pez en un impulsivo movimiento de rechazo. La niña francesa se retorcía las manos, y mi hijo gemía de dolor, cuando mi esposa se aproximó a la presa en actitud de superioridad.

—¡Quitad, que sois todos unos sosos!

El desenlace fue el mismo, tocar el pez y retirar la mano fue todo uno, tras emitir un grito desgarrador. Pero el instinto maternal prevalecía sobre el dolor y entre lágrimas invitaba al resto de sus hijos a no arrimarse a aquel horrible pez.

—¡No lo toquéis! ¡¡Muerde!! ¡¡Muerde brutalmente!!

—¿Cómo que muerde?

Me resistía a creer que mi primera captura tuviera tan desastrosas propiedades, pero me acerqué hasta el pez, le hurgué con un palo y, al contacto, surgió de su dorso un abanico negro, cuyas varillas eran unos aguijones afilados. Dos o tres curiosos que paseaban por el pinar vecino se habían acercado al oír los gritos mientras el sordo de Zamora ni siquiera nos miraba. Un señor vestido con traje blanco y traza de veraneante experimentado examinaba al pez.

—Ojo, es una mordedera —dijo—. Que no la toquen los niños.

—Llega usted tarde. Ya ha picado a tres.

El veraneante miró la mano deformada de mademoiselle Catherine, los dedos como morcillas de mi esposa y mi hijo, las lágrimas contenidas de todos ellos y agregó:

—Yo que usted les subiría al médico.

—¿Al médico? ¿Tan grave es?

—La picadura de ese bicho es de cuidado; toda precaución es poca.

El médico inyectó a los tres accidentados un contraveneno y les tuvo el día entero a leche. El dolor desapareció pero recuerdo

136

que una semana más tarde, cuando, terminada la temporada, mademoiselle Catherine tomó el tren para París, su mano seguía hinchada y engarabitada como una garra.

—Di a tus padres lo que ha pasado. No vayan a pensar que ha sido un accidente doméstico —le dije desde el andén, cuando se asomó a la ventanilla.

—No se preocupe, monsieur. Yo estar muy agradecida.

La mordedera fue mi debú en la pesca marítima. Después de tan nefasta experiencia otro cualquiera hubiese abandonado pero yo no sólo seguí adelante sino que patrociné la afición naciente de mi primogénito.

—Pero ¿estás loco? ¿Cómo va a ir el niño solo al malecón a pescar? —mi mujer hacía las sensatas observaciones de rigor.

—¿Qué puede pasarle? Allí no hay olas. Si se cae a la ría, sabe nadar. Y en el peor de los casos, el sordo ya le echará una mano.

—Como el día de la mordedera, ¿verdad?

—Bueno, en aquella ocasión estábamos toda la familia para ayudarnos.

Total que, después de hacerle ver al niño —siete años— los escasos riesgos de la aventura y encarecerle la mayor prudencia, le dejamos marchar. A media tarde, desde la terraza de casa, observamos carreras y oímos gritos histéricos en la playa. Mi mujer salió de estampida.

—¡El niño!

Corrí tras ella. Una barca doblaba en ese momento el espigón y remolcaba un bulto oscuro. La primera mujer con que tropezamos nos informó a borbotones:

—¡Un toro! Venía huido de sabe Dios dónde. Ha recorrido todo el malecón y finalmente se ha caído al mar. Ahora lo están remolcando —señalaba a la barca.

—¿Un toro? Pero ¿de dónde ha salido ese toro?

Mi mujer, más práctica, iba derecha al grano.

—Y ¿qué ha sido de los pescadores?

—No lo sé. Había un niño con ellos, pero no le puedo decir.

—¡Dios mío!

Corríamos desolados por la arena hacia el malecón y, de pronto, vimos aparecer por la pimpollada un ser diminuto, con una caña al hombro que medía lo que cuatro niños, la cesta en bandolera y toda la tranquilidad del mundo. Al aproximarnos, su carita sonreía. Su madre apenas le dejaba hablar.

—En cuanto vimos venir al toro, don Lucio me dijo: «Chaval, bájate con cuidado por las piedras».

138

—Pero ¿no os embistió?

—Cuando se paró a mirarme, don Lucio me dijo: «Chaval, pégale en los cuernos con la caña». Y yo le pegué con la caña en los cuernos hasta que se marchó.

—Don Lucio, pero ¿quién es ese don Lucio que no se te cae de la boca?

—El sordo de Zamora; es muy simpático. Hoy oía bien.

Los percances con que se iniciaba mi nueva actividad, lejos de amilanarme, me espolearon. Y con la práctica llegué a adquirir cierta soltura, aunque las capturas solían ser cortas, y salvo en casos excepcionales de enganchar un pez grande, poco emocionantes. La picada apenas se sentía. El plomo y las corrientes de la ría hacían mayor resistencia que el pez. Decepcionado, tuve una ocurrencia: pescar en superficie con *buldó* de plástico, emplomando discretamente la carnada. En principio, la nueva técnica no dio mejor resultado que la pesca a fondo. Uno pescaba una lubina y un par de mules a todo tirar después de varear la ría durante toda la tarde. La única ventaja era que las picadas se hacían perceptibles con lo que la emoción de las capturas subía un poco de tono. Pero, inesperadamente, un día de marea baja, que dejaba parcialmente al descubierto la arena de la desembocadura, lanzando la boya con la miñosa al rompeolas, conseguimos docena y media de lubinas en poco más de una hora. La conmoción apenas nos dejaba hablar.

—Hay que conseguir una boya más pesada para lanzar más arriba.

—¿Por qué no una boya de madera?

La idea de mi amigo Antonio Merino me pareció luminosa. Casi sin comer nos fuimos al carpintero del pueblo que se hallaba muy afanado ajustando una mesa.

—¿Podría usted hacernos una docena de bolas?

—Bolas, ¿de qué?

—De madera, claro.

Nos miraba el hombre, por encima de las gafas como si hubiéramos perdido el juicio.

—Y ¿de qué tamaño?

Le explicamos *grosso modo* de qué se trataba y, apelando a su talento artesano, le rogamos colocara a las bolas unas orejuelas de metal contrapuestas para atar el sedal y el cebo, ya que íbamos a utilizarlas para pescar.

—Y ¿qué piensan pescar con esto?

—¡Ah, eso está por ver!

Antonio Merino y yo nos miramos con una sonrisa de conspiradores. Habíamos silenciado nuestra suculenta pescata de la

140

mañana y estábamos dispuestos a dar un brazo antes que informar al sordo de nuestro descubrimiento. De difundirse la nueva técnica pronto se maliciarían las lubinas y dejarían de picar. Con ese egoísmo característico del pescador de caña aspirábamos a reservarnos eternamente el hallazgo. A la mañana siguiente, apenas amaneció, ya estábamos los dos en la punta del espolón, lanza que te lanza, encima del rompeolas, sin el menor resultado práctico. Poco antes del mediodía, después de cuatro largas horas de fustigar la ría con nuestras bolas de madera, agarré una lubinita de diecinueve centímetros. A la una se nos acabaron las lombrices.

—Si no lo veo no lo creo.

—La pesca ya se sabe; es una lotería. Hoy bien, mañana mal. Habrá que esperar otra marea como la de ayer.

Y la esperamos con avidez, con la misma impaciencia con que se espera a la primera novia. Y tan pronto se presentó la nueva marea baja acudimos a la ría con un cubo de lombrices, una docena de boyas de madera y un caudal de ilusiones que no cabía en la playa. Nuestras primeras varadas iban acompañadas de una confiada sonrisa. Aquellas bolas, impulsando el cebo más allá del rompeolas, por fuerza tenían que

141

tentar a las lubinas. Al cabo de una hora empezamos a impacientarnos. Transcurridas dos, Merino empezó a mascullar palabrotas. Tres horas después, sin haber sentido la más leve picada, cogí el cubo de lombrices y lo volqué en la ría indignado.

—¡A la mierda las lubinas! A ver si se mueren todas de una indigestión.

Pero el pescador es hombre muy tesonero. A pesar del fracaso de la ría, resolvimos ensayar el ingenio en Pesués. La pequeña ensenada de Pesués quedaba unas leguas más arriba, hacia Asturias. Era una calita cerrada, de agua luminosa y azul, donde los mules se cebaban al iniciarse la marea. Habíamos pescado varias veces allí, desde barca, empleando boyas de plástico, con buenos resultados. En el agua planchada se veía boquear a los peces, como un hervor, y lanzando la gusana entre las picadas era casi seguro acertar. En nuestro afán de asegurar el éxito, Merino había sugerido pintar las bolas de rojo.

—¡Estupendo! Así las vemos a distancia.

—Incluso podemos llevar los prismáticos.

Nos levantamos de madrugada, y a las siete, con la primera luz, desencallamos la barca. Antonio Merino remaba pausadamente hacia el centro de la cala. Llevábamos tal cantidad de bolas y lombrices a bordo que por un momento temí naufragar. ¡Íbamos a conseguir un botín de mújoles como no se había conocido en la historia! Sobre las ocho, con la nueva marea, iniciamos los lanzamientos, cortos primero, mediados después, largos al fracasar éstos. En la superficie del mar, levemente rizada, no se percibía la ceba. Prendimos tres mules pequeños, pero de súbito un fuerte tirón me partió el hilo y un gran pez coleó a veinte metros de la barca.

—¡No pierdas de vista la bola!

Merino, erguido en la popa, los prismáticos en los ojos, seguía la bola roja con la cabeza altiva, como un almirante en pleno zafarrancho.

—¡Allí! ¡A estribor!

Señalaba con el dedo hacia las rocas. Bogué con toda mi alma, con ardor. Me imaginaba un mule gigantesco, como no lo habíamos visto en la vida, enganchado en el anzuelo, arrastrando la bola. Mi amigo activaba mi imaginación.

—Para romper un hilo del 24 ya tiene que tirar, ya —no se quitaba los prismáticos de los ojos—. Despacito. ¿Ves la boya?

La vi un momento, balanceándose en el mar risueño, pero en cuanto aproximé la barca, salió disparada como un cohete, y en tanto viraba a babor, voceé a mi amigo ronco por la emoción:

—¡Síguela! ¡No la pierdas de vista!

Ahora Merino me indicaba un lugar de la ensenada donde negreaban unas algas. Volví a remar desesperadamente. Me estimulaban los presagios de mi amigo.

—¡Tiene que ser un ejemplar de exposición!

Soñaba con un mule imposible, de diez kilos de peso, y volví a arrimar la barca a la boya roja mas otra vez salió ésta despedida, como si la arrastraran los demonios. Antonio Merino, un serviola disciplinado, le enfocaba los prismáticos y señalaba el nuevo reposadero. Y hasta allí conducía yo la barca sin dar pausa al pez. Pero el mule volvía a burlarnos y yo tornaba a seguirle. Esta operación se repitió media docena de veces y, en cada una de ellas, se agigantaba el pez en mi imaginación. Sudaba como un pollo y mi amigo, más sereno, trataba de indicarme la táctica discreta para arrimarnos a él sin espantarle. Hasta que al cabo de una hora de persecución, cansado sin duda el mújol, la boya roja quedó inmóvil, tentadora, a un metro de la barca, y yo, en un rápido movimiento, la atrapé con un alarido de gozo pero con tal precipitación que desequilibré la lancha y la volqué, y Merino y yo nos fuimos al agua de golpe con los prismáticos y toda la impedimenta. Fueron unos momentos de confusión en que lo único claro para mí era que no debía soltar la bola si no queríamos perder el pez. De forma que agarré la boya con las dos manos mientras me mantenía a flote con los pies. Merino braceaba a mi lado y cuando el mújol volvió a tirar del cabo yo hice ángulo con mis brazos y metí la cara en el agua pensando ingenuamente que el pez arrastraría con la bola mis setenta kilos de peso. Yo, al menos, estaba dispuesto a irme tras él hasta el fin del mundo. Y entonces ocurrió lo imprevisto aunque no era difícil de prever. El hilo chascó como un latigazo y mientras el pez escapaba con el anzuelo en la boca, yo izaba en mi mano la boya huérfana e inútil, desconsolado.

—¡Se fue! ¿Oyes, Antonio? ¡El pez grande se largó! ¡Me cago en la mar serena!

Éste fue el desenlace decepcionante de la nueva técnica de pesca: el lance con *boya de madera pintada de rojo*. La expedición a Pesués marcó el final de la experiencia. En lo sucesivo volvimos a pescar con arreglo a la vieja técnica de siempre: a fondo, con la carnada lastrada por un plomo de retel, echándole paciencia al asunto. Por supuesto ni aquel verano ni en los siguientes, con

145

marea baja o con marea alta, se repitió la captura de dieciocho lubinas. Aquel prodigio no volvió a darse. A veces, desanimados ante las exiguas cestas que deparaba el malecón, nos llegábamos hasta las rocas, y en los acantilados atrapábamos peces extraños y feos, abigarrados, que nadie era capaz de identificar y, por supuesto, menos de comer. Total, que la pesca de mar fue languideciendo y dos veranos más tarde, con el espigón erizado de cañas (la fiebre de la pesca marítima se iba extendiendo también) la abandonamos, creo que al mismo tiempo que don Lucio, el sordo de Zamora, incapaz de compartir su afición con la masa.

La pesca más concienzuda, a la que he dedicado mayor cantidad de horas, y más encendidos entusiasmos, ha sido la de la trucha al lance ligero, con cucharilla en las horas punta del día, y con la cuerda, a mosca ahogada, en las centrales. Esta actividad que inicié en los últimos cuarenta, y no he abandonado hasta el día, tiene pues una larga tradición de cuarenta años en los que, como en botica, ha habido de todo. En líneas generales esto de la trucha, como la caza (las vedas contrapuestas de perdiz y trucha me han permitido jugar a dos paños durante siete lustros) ha ido de más a me-

146

nos, de la alegre expansión libertaria y pingüe a la excursión controlada, de parcos botines. A lo largo de estos años, las reglamentaciones cada vez más estrictas y la repoblación piscícola generalizada han ido entibiando mi fiebre inicial. Hoy apenas salgo dos o tres veces a truchas en primavera y una a reos durante el verano, en el Cares, invitado por mi amigo Manolo Torres. La reserva de cotos con meses de antelación, el hecho de tener que elegir a ciegas el día y el río que *debo* pescar y, sobre todo, la posibilidad de atrapar una trucha que previamente haya sido puesta en el río por el servicio piscícola para que yo me entretenga, es algo que contraría mi filosofía de la pesca, el carácter de pugna entre un ser inteligente y un animal silvestre que yo le asigné en principio.

Aficionarse a la pesca de la trucha desde Valladolid, única ciudad castellano-leonesa donde no las hay, tiene su busilis. Esta dedicación, como el matrimonio, suele responder a un lento proceso de maduración. Y en mi caso, el flechazo se produjo en Molledo-Portolín (Santander) durante mi viaje de novios en 1946. En aquellos días, paseando por la ribera del Besaya, mi mujer y yo sorprendimos a un pescador en medio del río, fustigando las aguas a diestro y siniestro, actitud que contrastaba con la secular imagen del pescador de caña, estático y adormilado, pendiente de la picada del pez, a que nos tenían acostumbrados los chistes de los tebeos. Aquel hombre —Panín, el de Santa Olalla— era la antítesis del pescador pasivo: la más pura —y al parecer, gratuita— actividad. Cambiaba de sitio, saltaba de piedra en piedra, alteraba la dirección de sus varadas, vadeaba una y otra vez el río con sus altas botas de goma, avanzaba cien metros, retrocedía sobre sus pasos. Al llegar junto a él, nos explicó que la pesca de truchas al lance ligero, con devón, cucharilla, o mosca artificial, era el último grito de la pesca deportiva en Europa. En el extremo más frágil de la caña estaba el sedal, con un artilugio plateado bailando en la punta, y, en el otro, junto al mango, un carrete negro con el hilo recogido. Aquellos adminículos eran desconocidos en España y mi mujer le preguntó cómo se manejaban. Panín, el de Santa Olalla, trató de eludir la demostración con la disculpa de que aquel tramo de río lo tenía ya muy castigado, pero como mi mujer le advirtiese que no pretendíamos *ver pescar*, sino informarnos sobre cómo se utilizaban aquellos trebejos, Panín se avino:

—Bueno, eso es fácil —dijo—. Mirad.

148

Echó por encima de su hombro una ligera cañita de tres metros y la impulsó hacia el río. La cucharilla, con su peso, fue sacando hilo del carrete, se posó suavemente sobre las aguas y se hundió. A nuestros pies, en la poza transparente, se la veía aletear como una mariposa que tratase de huir desesperadamente de un enemigo invisible.

—¿La veis girar? Parece una polilla.

De improviso, de lo hondo de la poza en penumbra, emergió un pez grande, con la boca abierta, se lanzó como una exhalación sobre la cucharilla y en unos segundos quedó prendido de los tres anzuelos. Panín, el de Santa Olalla, no daba crédito a sus ojos.

—¡Pero si he pescado! ¿Os dais cuenta?

Giraba la manivela del carrete recogiendo hilo, al tiempo que bajaba de la piedra desde donde había lanzado, en tanto el pez se retorcía y salpicaba en medio del río. Pausadamente pero sin concesiones, Panín, fue aproximando la trucha a la orilla, echó mano de la tomadera que portaba a la cintura, envolvió al pez en su malla, y lo sacó del agua. Mientras coleaba en los cantos del estero, y la desanzuelaba, Panín la miró con ojos tiernos y sólo dijo:

—Es bonita, ¿no?

Yo acababa de morder el anzuelo y no pude responder. Panín había pescado a la

trucha pero la trucha me había pescado a
mí; acababa de conquistarme. Un verano
después, cuando mi cuñada Carmen Velarde (que, entonces, todavía no lo era) se so-
leaba en el mismo río sobre una peña, unos
metros más abajo, una trucha de kilo saltó
a bañarse, calculó mal el salto y fue a caer
sobre la roca donde ella estaba tendida, sal-
picándola. Mi cuñada, recibió con asombro
y alborozo el don del río y todos nos hicimos lenguas sobre el original procedimien-
to de captura. Era un hermoso ejemplar ca-
rinegro, rubio, moteado de pintas rojas y
negras, asalmonado, que nos merendamos
con gran contento. Fue la segunda tentación. La primavera siguiente me sorprendió a la vera del Pisuerga, en Aguilar de
Campoo, caña en ristre, con una cucharilla
del tres y un hilo tan grueso que antes que
romper, removía las rocas y las arrastraba
corriente abajo como si fueran cantos roda-
dos. Con el tiempo, el tamaño de la cucharilla se iría reduciendo y el hilo afinándose,
pero en aquella ocasión, a mediodía, entre
dos peñascos, enganché la primera trucha
de mi vida, un bonito ejemplar damasqui-
nado que luchó inútilmente con el grueso
sedal de mi carrete. Yo la contemplaba con
veneración, como a un objeto precioso. Los
tirones, la resistencia del pez a ser extraído

150

de su medio, me habían deparado una emoción nueva, una emoción desconocida, a la que ya no estaba dispuesto a renunciar. Me había convertido en un ferviente pescador de truchas. Gradualmente fui cansándome de la cucharilla, doctorándome en la técnica de la pluma, del mosco ahogado, más sutil, vistosa y placentera. Había ocasiones en que reducía la jornada de pesca a las horas centrales del día para trajinar el río únicamente con la cuerda. Entonces, en la primera mitad de la década de los cincuenta, no era raro atrapar docena y media de truchas por jornada y algún que otro ejemplar de kilo o kilo y pico. A mí, empecinado cazador, la temporada de pesca que seguía cronológicamente a la de caza, me procuraba tantas o mayores satisfacciones que ésta. Pescaba regularmente, al menos una vez por semana. Había de recorrer ciento cincuenta, doscientos kilómetros, para alcanzar un río truchero, pero todo lo daba por bien empleado. Frecuentaba los cotos, pues entonces no había dificultad para obtener permiso ya que los pescadores éramos cuatro gatos. En mi fuero interno cuestionaba cuál de los dos deportes predadores me apasionaba más: la caza o la pesca. Y no acertaba a resolverlo; la cuestión constituía una empatadera. La caza aventajaba a la pesca en que estaba a la vista; la tirases o no, la perdiz rara vez permanecía oculta, la veías. Con la pesca, en cambio, había días en que las aguas se cerraban y las truchas no respondían a ninguna incitación. No se veían y la corriente parecía despoblada. Por el contrario la pesca superaba a la caza en cuanto a la incógnita de la presa: al notar la picada, en tanto no empezaba a recoger hilo, uno solía ignorar si había prendido una trucha de cien gramos o de un kilo. La perdiz, en cambio, siempre era *la misma*, la segunda un calco de la primera. Entre los años cincuenta a setenta, desplegué gran actividad como pescador. Solía llevar una comida ligera que engullía en la ribera del río esperando la ceba de los peces. El momento en que la trucha decidía abandonar el lecho del río para colocarse entre dos aguas a cazar mosquitos era emocionante. ¡Cuántas veces me quedé sin comer al ver que boqueaba el primer pez! Tan enfrascado estaba en mi nueva actividad que odiaba aquellos problemas profesionales o acontecimientos sociales que me apartaban del río, que quebraban mi ritmo de pescador. Y cada vez que disfrutaba de una pesca afortunada —cosa que sucedía con frecuencia— los incidentes de la excursión borraban de mi mente toda otra preocupación o desvelo. Únicamente había sitio para ellos. La pesca no diré que me relajara (en la extracción de una trucha tamaña, la tensión llegaba a veces al máximo) pero sí aireaba mi cerebro, lo despejaba y al día siguiente me hallaba en la mejor disposición para el trabajo. Ahora recuerdo que cuando nació mi hijo Adolfo, allá por el año sesenta, la espera del parto me produjo una doble desazón: la natural incertidumbre del alumbramiento y el alejamiento del río; de ahí que, al día siguiente de nacer, sano y con toda normalidad, cogiera el coche y marchara a Sedano para desquitarme. Fue una jornada opípara, en la que no sólo clavé doce truchas sino una de casi dos kilos. Al regresar al pueblo, todo el mundo me felicitaba:

—¡Enhorabuena, hombre!

—Gracias.

—Todo ha ido bien, ¿verdad?

—Formidable. No ha podido ir mejor.

—Pues lo celebro y que sea para bien.

Otro amigo entraba en el bar. Al verme me estrechaba la mano me palmeaba la espalda con efusión y me felicitaba.

—Muchas gracias, hombre.

Me sentía pescador, un gran pescador, mejor pescador que nunca, hasta que al salir a la plaza me encontré con el matrimonio Varona.

—Enhorabuena, oye.

—Gracias, gracias.

—Grande, ¿no?

—¡Psss! Un kilo, tres partes.

Aguedita, la señora de Varona, frunció la frente.

—Y Ángeles, ¿está bien?

—¿Quién? ¿Mi mujer? Bien, claro, estupendamente.

(Por el pueblo se difundió la noticia de que mi mujer había tenido un niño de kilo y medio y yo había pescado una trucha de tres hasta que, advertido del malentendido, pude deshacer el error.)

De lo dicho se infiere que hubo una época en que mi fervor truchero se imponía a todo lo demás. Estaba dominado por una vanidad pueril. Enviaba a los amigos los ejemplares más vistosos para poder vanagloriarme de mi destreza. Más que comerlos me gustaba que me regalasen el oído.

—Oye, muchas gracias por esa trucha tan hermosa. ¿Dónde la has cogido?

Y yo no sólo precisaba el río y el lugar del prendimiento sino que me extendía en pormenores relativos a la memorable captura para epatar a la mujer del amigo. Había sido una lucha larga y competida. Por tres veces el pez estuvo a punto de escapar, etc., etc. Esto era lo habitual, lo consuetudinario. Por eso me sorprendió un día la voz enojada de Carmen Bustelo, esposa de mi incondicional Fernando Altés, al teléfono.

—Oye, ¿sabes que no tiene ninguna gracia?

Yo le había enviado la víspera una hermosa trucha y quedé chafado.

—No te entiendo.

—No, ¿verdad? Entonces ¿puede saberse quién ha metido una rata dentro de la trucha?

Carmen Altés odia cordialmente a las ratas y aquella trucha se había zampado una de agua aquella mañana, pero como la turgencia del vientre estaba de acuerdo con su tamaño no me llamó la atención.

—Pero ¿cómo puedes imaginar que yo haya embutido una rata dentro de una trucha? ¿Es que puede hacerse eso?

Mi deseo era compartir con los allegados aquella nueva felicidad que me embargaba. De manera que, a medida que cumplían los diez años, iba incorporando a mis hijos a la tarea. Miguel, muy habilidoso, llegó a ser un especialista de la cucharilla. Recuerdo que un verano atrapó un ejemplar de kilo y medio al amanecer, en el Rudrón, con una cucharilla negra del 1. Por entonces televisión dedicaba un espacio semanal a la pesca deportiva y esa semana, ante el estupor familiar, el comentarista hizo saber a la audiencia que «en los ríos burgaleses, la trucha grande entraba bien de madrugada a la cucharilla negra del 1». Para una vez que maté un perro me llamaron mataperros. Años después, Miguel, destinado como investigador en Doñana, abandonó la caña con la que había llegado a ser un maestro.

Germán, el siguiente, demasiado nervioso para deporte tan delicado (los enredos del nailon, los enganchones, constituían la inevitable servidumbre del aprendizaje) me acompañó un solo día. A la hora de comer le busqué por la ribera y le encontré en la copa de un chopo de diez metros de altura:

—¡Ojo, no te desnuques! ¿Qué buscas ahí?

—La cucharilla.

Me senté a esperarle. Cuando al fin bajó me entregó caña, carrete, cesta y demás arneses y me dijo seriamente:

—Gracias. Éste no es mi deporte.

El más consecuente ha sido Juan, el tercero de los varones, paciente y mañoso, siempre a la vera del río. Desde los diez años lo tuve a mi lado y fui testigo de sus

156

rápidos progresos. La mano dura de los comienzos, su principal defecto, la corrigió en pocas semanas. A los once años, en verano, bajaba sólo al Moradillo (un riachuelo de escaso caudal, casi cubierto por las salgueras) y subía cada tarde con un par de truchitas de medio kilo. A los trece era ya un gran pescador. Manejaba con tiento la cucharilla —¡qué lances medidos los de aquel niño!— y tenía una mano sensible para la pluma. En seguida me di cuenta de que no se detendría ahí. Efectivamente pronto empezó a ensayar la tralla. Nos iniciamos juntos pero yo hube de renunciar: no distinguía el mosquito entre la broza del río y se me enfriaba el bajo vientre, o sea la parte. Pero él continuó y hoy no creo que le superen muchos pescando a la mosca seca. Afina de tal manera que es capaz de sacar un besugo de una acequia. Una verdadera maravilla.

Hasta mediados los setenta, gocé una enormidad con este deporte. Era la época de los grandes ríos (Porma, Esla, Pisuerga, Tera, Najerilla, Luna, Rudrón), de las cestas abundantes (hasta seis kilos me pesaron sendos cupos en La Magdalena y Mave), y de los ejemplares desmedidos (¿cómo olvidar los serenos del Órbigo?). Pero progresivamente, y a ritmo acelerado, los cotos célebres fueron perdiendo población y prestigio, las cestas decrecían y se hizo problemático poder capturar una trucha con una rata en el vientre sin advertirlo. Paso a paso llegaron la invasión de advenedizos, la expansión del lucio, la saprolegniosis, el furtivismo, las repoblaciones, de tal forma que hasta las corrientes más señeras fueron dejando de serlo. Paralelamente fueron desinflándose mis entusiasmos piscatorios. Y no era tanto que decrecieran las oportunidades de captura como que a uno le royera la duda hamletiana: esta trucha que he pescado ¿es del río o ha sido echada? Duda permanente y desalentadora para todo pescador que acude a la *cita* a competir con un pez difidente, salvaje, dueño de sus recursos. Empero, treinta y cinco años pescando truchas ya son años, media vida, y, bien mirado, no tengo derecho a quejarme. Los que vengan detrás tal vez se acostumbrarán a sacar del río truchas de fábrica, de piscifactoría, y hasta es previsible que el artificio tome definitivamente su asiento en el mundo del deporte y el pescador del futuro encuentre tanto encanto en esta simulación como el que encontraba yo hace veinte años bregando con la trucha silvestre de Gredos o los Picos de Europa. Nunca se sabe.

158

VII. La alegría de andar

Iba a llamarlo alpinismo, pero, realmente, el alpinismo es una manera de caminar, muy concreta, monte arriba, sin veredas, hasta la cumbre de una montaña. Pensé también llamar marcha a este apartado pero la marcha lleva aparejadas unas connotaciones atléticas muy precisas: juego de caderas y trasero sin dejar un instante de tocar tierra con un pie. Una y otra denominación resultaban un poco excesivas para aludir a una actividad tan sencilla como es la de caminar, mover primero un pie y luego el otro, para recorrer un determinado trayecto. Lo que yo he hecho y sigo haciendo es andar, bien entre calles, por carretera, por senderos, a campo traviesa, cuesta

159

arriba o cuesta abajo, pero, en cualquier caso, andar. Me parece que fue González Ruano quien habló de la alegría de andar, alegría que yo he experimentado y experimento cada vez que muevo las tabas. Sin embargo, reconozco que esto de caminar (actividad que los médicos sensatos recomiendan a sus pacientes con objeto de conjurar el infarto y el estrés) no siempre resulta jubiloso para el que lo practica. Yo, que no sólo ando mucho sino que en algunos de mis escritos he elogiado este ejercicio sin reservas, recibí en una ocasión una carta de un madrileño sedentario en la que me decía poco más o menos esto:

Querido señor Delibes: Leo sus libros y artículos con los que en general estoy de acuerdo. Sin embargo, discrepo de usted en algo que decía el otro día, a saber que el hecho de andar constituya un motivo de satisfacción. Hace unas semanas padecí un amago de accidente circulatorio y el doctor me ha recomendado dejar el pitillo y andar, andar todos los días de una hora a hora y media. El miércoles comencé mi nueva vida, di un paseo y no puedo decirle cuánto me aburrí. Me aburro como una oveja, señor Delibes. Esto de caminar por las calles sin rumbo, es peor que dejar de fumar, la cosa más tediosa que haya podido inventar la mente humana. ¿Qué hace usted mientras anda para

160

entretenerse? Perdone que le vaya con estas monsergas cuando usted seguramente tiene cosas más importantes de que ocuparse pero le quedaré muy reconocido si me orienta sobre este particular. Nunca había dado un paso que no tuviera algún sentido y hacerlo ahora durante más de una hora sin ton ni son, es algo que desborda mi capacidad de resistencia. Reconocido de antemano, le saluda con afecto, XYZ.

Naturalmente le respondí que sí, que Madrid no era ciudad propicia para el paseo y tal vez sucediera lo que él decía cuando se camina por prescripción facultativa, pero cuando se andaba por propia voluntad comportaba un goce el mero hecho de hacerlo. Deseoso de serle útil le recomendaba, primero, que hiciera consciente el acto de andar (es decir, apoyar un pie, despegar el talón para cargar el peso del cuerpo sobre la punta y, entonces, adelantar el otro pie, pensando en lo que hacía), sintiendo bajo las plantas la superficie de la calle o la carretera y sincronizando los pasos con el penduleo de los brazos. Este ejercicio resulta tonificante y relajador y, si uno logra concentrarse en lo que hace, no es aburrido sino todo lo contrario. Yo imaginaba la cara de mi corresponsal al leer esto, por eso me apresuré a brindarle otra solución, la segunda, para entretener sus paseos medicinales, esto es, contemplar, al tiempo que anda, el mundo en que vive. La calle, observada con atención, suele deparar un espectáculo siempre nuevo y más que entretenido, regocijante: las bellas muchachas sonriendo, los ancianos gargajosos, los conductores hurgándose en la nariz en espera de que se abra el semáforo, los vendedores ambulantes ofreciendo su mercancía, los movimientos un poco automáticos de los agentes regulando la circulación, los escaparates, los autobuseros comiéndose subrepticiamente un bocadillo, las tertulias en las terrazas de los cafés, las pintadas, los rostros de los niños charlando mientras chupan un polo de chocolate, las parejas de enamorados arrullándose, son otros tantos motivos de atención suficientemente atractivos como para pasar una hora caminando por la calle sin enterarnos. Más curioso y, sobre todo, más sano suele ser el escenario si tenemos ocasión de hacer la caminata por el campo. Las cuatro estaciones nos ofrecen un paisaje variable, interesante siempre, en ocasiones fascinante: el charco de hielo que quebramos con nuestro pie, la carama en los tallos del rastrojo, la huella de nuestras pisadas en la escarcha, el aullido del viento, el vuelo de los pájaros, su canción en primavera, las paradas nupcia-

162

les, el vagar de los insectos, el amarillear de las hojas de los árboles, el movimiento de las nubes, su forma, su color, el ondear de los trigales, el rumor del agua, los hileros del río, las primeras yemas en los árboles, etc., etc. Mi espontáneo comunicante no volvió a escribirme, de lo que deduzco que o llegó a encontrar algún aliciente en sus paseos cotidianos, o se murió de asco.

Por mi parte puedo afirmar que nunca me aburro caminando. Si es caso me impaciento cuando en casa me aguarda una tarea urgente que atender. Cuando esto ocurre, no acierto a dominar mis nervios, soy incapaz de abstraerme con la comedia callejera y únicamente pienso en regresar. Pero, de ordinario, a mí me encanta pasear; la alegría de andar, de Ruano, se convierte en júbilo en mi caso. Tanto que suelo hacerlo a lo largo de diez kilómetros diarios, un par de horas a paso regular. Ahora bien, lo peor de estos paseos cronometrados es que el uso del reloj acaba generando manía de exactitud. Yo, por ejemplo, tengo medidos los minutos que invierto en rodear la manzana de mi casa y la de enfrente, de tal manera que cuando, de regreso de mi paseo despreocupado por las afueras de la ciudad, el cronómetro me anuncia que faltan seis u ocho minutos para cubrir el horario

163

prefijado hago lo que el sereno de *La Verbena de la Paloma*: dar otra vuelta a la manzana. A una o a otra, depende de los minutos que me falten. Y, naturalmente, este suplemento de paseo, aunque sea breve, es un paseo mortificante, el cumplimiento de un hipotético deber que yo me he impuesto. Quiero decir con esto que la predisposición al paseo debe ser tan gozosa como la que muestra nuestro perro cuando intuye que vamos a abrirle la puerta de la calle. Si la perspectiva de estirar las piernas representa un aliciente para nosotros, el hecho material de estirarlas será a buen seguro una operación fruitiva.

Otra cosa es la distribución del tiempo que hemos decidido destinar al paseo. Yo, habitualmente, camino una hora larga por la mañana y media o tres cuartos por la tarde, cambiando el itinerario. De mañana, antes de almorzar, suelo escapar a las afueras de Valladolid, a las apariencias de campo que brindan el Paseo de las Moreras o La Huerta del Rey, mientras un rato de cada tarde, antes del cine, la conferencia o el concierto, lo dedico a callejear. Horas y recorridos se alteran con las estaciones. El calor me induce a refugiarme en el Campo Grande o a salir de casa a las nueve de la mañana, tan pronto me levanto, para vol-

164

ver poco después de las diez. En el campo, las cosas varían, camino por la mañana una hora, y la de la tarde la dedico al tenis o a andar en bicicleta (por supuesto, también en la ciudad reduzco el tiempo de paseo cuando a la tarde me espera una actividad deportiva o le suprimo por completo, cuando dedico la jornada a la pesca o a la caza). En resumidas cuentas, la media de diez kilómetros diarios la respeto, en tanto la jornada no me exige un desgaste físico superior.

Y hasta tal punto se ha convertido esto en una costumbre que cuando viajo, incluso por el extranjero, con cierto apresuramiento, procuro reservar un rato al paseo. Para ello suelo pernoctar en esos pequeños hoteles, muy confortables, que han salvado de la ruina viejas abadías o monasterios y, antes de cenar, camino cinco kilómetros por sus jardines o carretera adelante. A menudo estos paseos por lugares recoletos, señalados en las guías de turismo con un pájaro rojo (paradores al aire libre) me resultan lo más atractivo y tonificante del viaje.

En los desplazamientos breves, a Madrid, suelo emplear otra argucia: detener el coche en pleno campo y dar una vuelta por cualquier camino vecinal y, acto seguido, reanudar el viaje. Y si voy acompañado y el día ha sido agitado, al regreso, me apeo unos kilómetros antes de llegar a casa, cedo el volante al acompañante y completo el recorrido en el coche de San Fernando. Aunque parezca paradójico, el paseo aventa la fatiga de la jornada, limpia los pulmones, entona los músculos y le deja a uno en condiciones de afrontar cualquier quehacer.

Esta práctica suele mantenernos en forma a pesar de los años. Un ejemplo, al filo de los sesenta, yo participé en la marcha de Asprona (una asociación para ayudar a los subnormales en mi ciudad) y me fui hasta Palencia (más o menos cincuenta kilómetros) de una tirada. ¿Que cómo llegué? Sin novedad, perfectamente fresco y dispuesto a empezar otra vez. Únicamente tomé dos precauciones: no comer ni beber en las diez horas que duró la marcha, ni sentarme un solo minuto. A las nueve de la mañana me puse en camino con mis hijos y algunos amigos y a las siete de la tarde, salvo las deserciones de rigor, estábamos en la calle Mayor palentina. Por medio, dos cafés cargados (no suelo tomar ninguno), uno al comenzar la prueba y otro en Dueñas, a treinta kilómetros de la salida. Por lo demás, la andadura fue sostenida, regular, a una media de cinco kilómetros por hora.

Este prurito de asociar los paseos a otro objetivo es muy propio de mi sentido práctico, frecuente en los hombres que no disponemos de mucho tiempo, ya que, a la vez que se anda, puede desempeñarse otra tarea, verbigracia pensar o estudiar. En mis años de opositor, yo estudié muchas horas caminando, por supuesto sin libro. Con un compañero de oposición, hacíamos paseatas de decenas de kilómetros, exponiéndonos el uno al otro los temas que habíamos preparado a lo largo de la semana. La observación, el comentario del compañero, no sólo asentaba el tema sino que nos abría nuevos horizontes intelectuales. De la misma época son mis maratones con Ángeles, mi novia entonces, y su Código de Comercio forrado de cretona roja de flores. Mientras caminábamos, ella me preguntaba algunos artículos del mismo, un número o un texto leído al azar y yo replicaba con el contenido de aquél o precisaba el número del que ella había recitado. Entre carantoña y carantoña, esta segunda intención del paseo (aprenderme los mil artículos del código) se cumplió a base de endurecer los gemelos y los cuádriceps. Ángeles punteaba con la barra de labios los artículos expuestos y cuando llegó el momento de la oposición, todos los del código tenían al menos dos puntos y algunos hasta media docena, es decir todos ellos me habían sido preguntados alguna vez.

Las paseatas con finalidad añadida son obligadas en Sedano, cuando muy de mañana, hora en que los pájaros más alborotan, saco a pasear a los perros: el viejo *Grin*, el negro *Coquer*, y *Fita*, la atolondrada. Durante el año estos perros viven separados, con mis hijos, sus dueños, pero en verano se reúnen en el patio de la antigua casa y yo soy el encargado de pasearles y darles de comer. Y a pesar de que la *Fita* y el *Grin* son perros grifones de una voracidad insaciable, la escandalera jubilosa que arman cada mañana cuando mc ven aparecer con la cachava para iniciar el paseo, es muy superior a la que muestran a la hora de la comida. Quiero decir con esto que los perros anteponen el paseo a la comida. Algo tendrá el agua cuando la bendicen y algo tendrá el paseo cuando el perro —el animal más inteligente y glotón de cuantos conozco— lo prefiere al menú más selecto. En todo caso, el hecho de deambular con un perro, eleva muchos enteros la normal alegría de andar. Y no digo nada si la oportunidad es de salir con tres al mismo tiempo. La desemejanza sicológica de los canes es aún más acusada que en los humanos. Es claro que también influyen en ellos la edad, el medio y la experiencia pero, en cualquier caso, el diverso comportamiento del *Grin*, la *Fita* y el *Coquer* en nuestros paseos matinales es digno de estudio. El *Grin*, viejo ya, cogitabundo, me sigue fielmente o me precede por el camino, intentando adivinarme el pensamiento. A veces se detiene, se agacha, se contrae en una de sus variadas posturas —verdaderos monumentos al estreñimiento—, me mira avergonzado con sus ojos color de miel, las barbitas rojas rilantes, y, al poco rato, reanuda la marcha tras de mí, convencido de que aún no ha llegado la hora de la evacuación. Mientras tanto, la *Fita*, hermana de raza, ha bajado a las huertas del valle y persigue a ladrido pelado a los tordos, arrendajos, mirlos que levantan el vuelo a su paso o a cualquier otra cosa que se mueva por el campo. Y al propio tiempo se recrea buscando obstáculos por el placer de salvarlos: salta bardas, bota zanjas, brinca riachuelos, siempre detrás de algo, persiguiendo a alguien. Mas, de pronto, observa que ante ella hay una alondra, o una lavandera, o un gorrión que se resisten al vuelo, que apeonan, que aguantan. Entonces la perrita se detiene, hace una muestra, humilla la cabeza y me mira con sus redondos ojos amarillos, como diciéndome: «Atiende, a este tonto voy a zampármelo».

Y, paso a paso, cruzando los pies, va aproximándose, hasta que el ave vuela a un metro de su morro y, entonces, la *Fita* arranca de nuevo a correr latiendo de contento, en homenaje al nuevo día y a la vida. Pero, de cuando en cuando, inesperadamente, la perra sube al camino, me busca, me pone las manos en el pecho y me tira un lengüetazo a la cara como diciéndome: «Aunque me divierto mucho por mi cuenta no me olvido de ti». El trajín de la perra es tan considerable que de vuelta a casa llega aspeada, jadeante, verdaderamente molida. Comiendo es igual de apresurada: quiere engullirlo todo de una vez. Es un animalito que administra mal sus fuerzas, al que parece faltarle tiempo para hacer todo lo que quiere hacer en la vida. Esto se advierte cuando, mediado agosto, salimos con ella a la codorniz. El viejo *Grin*, que podría ser su abuelo, empieza con calma, poco a poco va registrando el arroyo y mostrando los pájaros que olfatea. No da un paso de más. Cumple con su deber pausadamente de tal forma que la duración de la jornada nunca le sorprende; dure lo que dure y pese a sus años, acaba útil, sediento pero laborioso. La joven *Fita*, en cambio, tan pronto se ve en el cazadero, aspira a comerse el mundo, corre alocadamente de un lado a otro, irradiando felicidad, vuela un bando de calan-

170

drias, lo embiste, pone una codorniz en el quinto pino, pretende atraparla al vuelo, y si levanta una liebre de la cama, la persigue, latiéndola en gozosa anunciación, hasta las líneas azules de las colinas que cierran el horizonte. Es difícil someterla a disciplina.

—¡*Fita*, ven aquí!

Acude a la llamada pero vuelve a irse y cuando, al fin, uno cree que la ha dominado y la perrita empieza a cazar con normalidad, tras un par de horas de muestras magistrales, se cansa, se pone a retaguardia, se tumba en los sombrajos de las morenas y te mira implorante con sus redondos ojos amarillos, húmedas sus rojas barbitas, jadeante: su excelencia la perrita está fatigada, ya no puede con su alma, ha administrado mal sus energías. Es de esperar que esta impaciencia se le corregirá con la edad.

¿Y el *Coquer*? ¿Cómo se comporta el negro *Coquer* en los paseos matinales? El *Coquer*, despegado y errabundo, hace su vida. No se molesta siquiera en comparecer periódicamente como la *Fita*, ni en recordarnos que nos quiere. Los más estridentes ladridos de júbilo al comenzar el paseo han sido los suyos. Pero ya está. Ya ha dado las gracias, ya ha cumplido, y durante la excursión matinal campará por sus respetos.

Contrariamente a las preferencias de la *Fita*, no baja al valle sino que se encarama a la ladera que faldeo, una ladera erizada de robles, intrincada y áspera. El *Coquer* va buscando el pelo. Los pajaritos no le interesan. Olfatea el conejo, la tejonera, la huella nocturna del jabalí o del corzo en el cortafuegos. Y si los encuentra, ladra. A menudo le pierdo de vista, se aleja y cuando le llamo a voz en cuello no responde.

—¡*Coquer*, toma!

Silencio. Lo mismo que si le silbo. Pero sé que tanto en un caso como en otro, unos minutos después, aparecerá por donde menos espero. No se acercará, sin embargo. Simplemente se dejará ver, abrirá y cerrará sus ojitos pitañosos mirándome desde lejos como diciéndome: «Estoy aquí, ¿querías algo?» y volverá a perderse en la ladera. Caza solo. Una vez agarró a un zorro por el rabo y aunque era más grande que él le aguantó, fijando sus fuertes manos en el suelo, hasta que mi hijo Juan, su dueño, hizo acto de presencia. Él sabe que tiene esas facultades y no espera nada del humano que le acompaña. Parece como si advirtiera que yo ya voy tirando para viejo y poca utilidad puedo rendirle. Nunca me llama, como la *Fita*, a ladrido limpio. No es servil, no es adulón, comiendo es parco y escogido. Un huesecito, una tajadita, un poquito de arroz y se acabó; luego, a la cazuela del agua a sacudirla un poco con la lengua, a amagar más que a beber. Es perro de pocas exigencias, sensible, resistente y un tanto enigmático. Pero hay un momento en las paseatas estivales en que al *Coquer* le salen los colores, se avergüenza, a pesar de su independencia se siente empequeñecido. Esto ocurre cuando, al finalizar nuestro paseo, alcanzamos el cauce del río Moradillo, riachuelo de poca enjundia pero de aguas muy frías, y en la poza que precede al puente de Valdemoro, los dos grifones se detienen, mirándome, la lengua colgando, a la expectativa. El *Coquer*, que ya sabe lo que le espera, se aleja camino adelante, haciéndose el distraído. El *Grin* y la *Fita*, cuando me ven agacharme para coger un palo, tratan de impedirlo, de hacerse con él, gruñendo y manoteando. Ladran escandalosamente, pero el *Coquer* sigue adelante como quien no quiere la cosa y cuando le llamo a voces, imperativamente, regresa sobre sus pasos, me mira acobardado y observa a los otros dos que saltan tratando de coger el palo que yo muevo levantando el brazo. Él se niega a participar en el juego y cuando lanzo el palo a la poza y el *Grin*, sin vacilar un momento, se zambulle de panza en las frías aguas y la *Fita* le sigue, ladrando alegremente, les mira despectivo, como diciéndose «cosas de niños y de viejos chochos». Al cabo, el *Grin* sale del agua, generalmente con el palo atravesado en la boca, lo deja a mis pies, y sacude su cuerpo mojado con violencia. El *Coquer*, que lo ve venir, ya ha puesto unos metros por medio. Le molesta la ducha, odia al agua y una vez que los grifones se han cansado de extraer ramas del río y de bañarse, se me queda mirando, invitándome a proseguir el paseo, pero yo le señalo la poza en silencio, con insistencia. El *Coquer*, humilla los ojos y menea la cola truncada. Sabe que tiene que hacer algo para complacerme. Sabe de sobra que yo no le voy a empujar al agua pero que no me moveré del sitio hasta que se bañe. Entonces toma una decisión salomónica, la misma de todos los días, de todos los veranos. Avanza por el camino hasta los próximos sauces de la orilla, donde la curva del río apenas tiene diez centímetros de profundidad, se introduce en él con cuidado para no chapuzar y va avanzando hasta el borde de la poza donde el agua moja ya las guedejas más largas de su barriguita negra. En el confín se detiene, me mira inventando un brillo alegre para sus ojos y entonces yo hago el paripé y me finjo entusiasmado.

174

—¡Muy bien, perrito! ¡Qué bien se ha bañado el *Coquer*!

La tensión se ha relajado. Sale de nuevo meneando el rabo, se sacude lo poco que tiene que sacudir y recupera su alegría y su independencia, que ya no pierde hasta llegar a casa. Sus lanas sueltas, espesas, negras, contrastan con los pelos mojados, lacios, adheridos a la piel, del *Grin* y de la *Fita*.

Hacer alguna cosa mientras se anda refuerza sin duda la alegría del paseo de que hablé más arriba. Y si lo que se hace es conquistar algo aparentemente inabordable, antes que el hecho de caminar, nos gratifica el triunfo sobre el medio: tal, a vía de ejemplo, dominar una montaña. Ahora recuerdo con añoranza nuestros veranos de alpinistas en Molledo-Portolín, en el valle de Iguña, en Santander, durante la década de los cuarenta. Subir a los montes era nuestra obsesión. Supongo que de haber vivido en los altos, la fascinación la hubiese ejercido el valle, pero viviendo en éste, la atracción emanaba de los picos que lo circuían: Navajo, San Pedro, la Dehesa, el padre Jano, de casi 1.500 m de altitud, el más elevado. Estas cumbres, coronadas generalmente de bruma, renovaban la tentación cada vez que el cielo se despejaba y quedaban al descubierto. Y, en realidad, no importaba nada subir tres veces, o seis, o diez, a la cima del pico Jano cada verano. La montaña ofrecía tantos accesos, obstáculos tan diversos, según se afrontase la ascensión por una vertiente o por otra, que la excursión siempre resultaba compensadora. También estaba nuestra fuerza, la necesidad de quemar la energía sobrante de nuestros cuerpos jóvenes, el placer de someter a la montaña y contemplar el mundo desde nuevas perspectivas. Es incalculable el número de veces que en aquella década trepamos por las laderas de los picos más eminentes. Sí recuerdo que, en una ocasión, decidimos subir sucesivamente, en una misma jornada, a los picos San Pedro, Jano y la Dehesa, que se alzaban en un intrincado anfiteatro cuya hoz daba acceso a Castilla. Recuerdo que salimos de noche —éramos cuatro o cinco— y al llegar a Bárcena de Pie de Concha, en la falda del pico San Pedro, empezó a clarear. Tengo una vaga idea de que el pico San Pedro, más desnudo que el resto, ponía al alpinista más obstáculos minerales que vegetales, bloques de piedra por los que ascendíamos con resolución, sin temor a descrismarnos. Desde arriba se divisaba la negra sima de la hoz de Reinosa, el río Besaya como una línea espumeante abajo, y paralela a ella, la cinta gris de la carretera. Por aquel corte vertical descendimos como cabras, saltando de risco en risco, las rompientes del río multiplicadas por el eco, estimulándonos. Fue una aventura de una belleza inigualable. Hace tanto tiempo que no puedo precisar cómo vadeamos el río y subimos a la carretera, pero de nuevo nos hallábamos al pie de otro monstruo —el pico Jano—, una mole negra, inmensa, a la que por vez primera íbamos a atacar por su dorso, el acceso más largo y agreste. Abrigado de bosques densísimos y un sotobosque hostil, demoramos horas en abrirnos camino. A una escarpa, sucedía un breve rellano y a éste otra escarpa más empinada. El pico San Pedro, a nuestra espalda, nos facilitaba una idea de la altitud a que nos hallábamos, pero hasta las tres de la tarde no coronamos el monte. Una tenue calima envolvía el valle de Iguña, difuminaba los perfiles de las cosas, por otro lado perfectamente identificables. Tras una frugal comida, depositamos un papel con nuestros nombres en el buzón de montañeros. Por encima de Canales se cernían unas nubes negras, amenazadoras, pero después de diez horas de esfuerzo por nada del mundo hubiéramos renunciado a nuestro proyec-

177

to. Aún faltaba la Dehesa, menos encumbrado que pico Jano, pero desgraciadamente no había un puente tendido entre ambas cimas, sino que era preciso deshacer lo hecho, bajar hasta la base e iniciar el nuevo ascenso. Durante el trayecto, más asequible que los dos picos anteriores, las nubes de Canales nos fueron envolviendo y, al llegar a la cumbre, la niebla era tan densa que apenas nos divisábamos unos a otros. Poco después empezó a relampaguear. Eran relámpagos difusos, encadenados, que incendiaban la bruma. Por primera vez no estábamos bajo la tormenta sino dentro de ella, en su seno. Los truenos tableteaban a nuestros pies, como si todos los peñascos de los altos rodaran simultáneamente por un tobogán de madera. Cansados pero felices empezamos a sentir sobre nuestros cuerpos sudorosos los frescos goterones de la lluvia.

—¡Vamos, todos abajo!

Entre exhalaciones, entre los retumbos envolventes de los truenos, descendíamos corriendo en fila india, muy juntos, formando una cadena, como las pequeñas comadrejas de la camada para no extraviarse. Hicimos un alto en la cueva de Jumedre, ya en el camino, pero nuestras ropas húmedas refrigeradas por el vaho helado de la caverna nos hacían tiritar, entrechocar

178

diente con diente. Salimos de nuevo a la intemperie y recorrimos el camino de regreso a la carrera, bajo la lluvia.

Hay pocas cosas tan gratificadoras para el hombre como enseñorearse de una montaña cuya mole observa cada día altiva y desafiante. Hacerlo con tres sucesivas, los tres picos más arrogantes del valle, nos produjo una sensación fruitiva de plenitud. Una montaña es un misterio, tres un mundo remoto y desconocido, pero el hecho de haber hollado sus crestas, de conocerlas, convirtió el valle, en un ámbito familiar, cotidiano y doméstico, algo que provocaba una sensación de abrigo antes que de distancia.

Mas las montañas del valle de Iguña, concretamente el pico Jano, nos jugó una mala pasada posiblemente el verano del cuarenta y tres. No participé de aquella expedición cuya novedad era descender por los tubos del embalse, los tubos de Alsa, que rompían la topografía en línea recta, hasta alcanzar las aguas del río Besaya. Pero otra vez la niebla, y la noche que se echó encima, aconsejó a la expedición desistir, buscar un abrigaño para esperar al nuevo día mientras un emisario —mi hermano José Ramón, arriscado y generoso— se descolgaba sin luz por el precipicio para dar aviso. Su llegada a casa, descalabrado y harapiento, sembró la alarma. Once personas se habían extraviado en las laderas de Jano. Se hablaba del frío y de los lobos como de enemigos feroces, casi invencibles. La voz corrió por el pueblo donde el pico Jano, señor del valle, todavía imponía respeto y, en tanto se organizaba una expedición de socorro, miembros de mi familia y de las familias Velarde y Díez del Corral, a las que pertenecían los extraviados, trataban de sonsacar a mi hermano José Ramón una información imposible: el lugar exacto en que se había separado del grupo. Todavía recuerdo a las chicas de los Velarde, hipando por los rincones y diciendo en tono confidencial a quien quisiera oírlas:

—Pues las nuestras tienen que aparecer. A su papá no le gusta que pasen la noche fuera de casa.

Una cuadrilla con faroles y linternas les buscó durante la noche y de madrugada aparecieron sanos y salvos en una profunda depresión, a la abrigada de un risco, no lejos de Jumedre.

Mi hermano Adolfo, el mayor, más dado a la vida social y a los automóviles que a las competiciones con los montes, observaba nuestros esfuerzos con un deje de conmiseración. No comprendía nuestros pechugones, que fuésemos capaces de perseguir una cima hasta la extenuación, llevar a cabo espontáneamente estas empresas agotadoras, a su juicio inútiles.

—Hombre, si un día tengo que salvarme de un incendio haré lo que sea necesario. Pero trepar a un monte de 2.000 metros de altura sólo por el gusto de hacerlo no lo comprendo, la verdad.

Por eso nos sorprendió una tarde que planeábamos una escalada a los Picones —una altura media en el centro del valle— su decisión de acompañarnos. Naturalmente éramos nosotros ahora quienes le considerábamos con un gesto de superioridad, por no decir de compasión, como el candidato más firme a farolillo rojo (carecía de experiencia, no había desarrollado los músculos adecuados, los bofes no le responderían). Pero ocurrió lo que solía suceder en la cuesta de Boecillo años atrás, cuando yo me vanagloriaba de ser el *Rey de la Montaña*, es decir, mi hermano Adolfo nos dejó arrancar a todo gas entre aulagas y helechos, como si fuéramos a perder el tren, mientras él abordaba la pendiente a paso más sosegado. El resultado fue que, mediada la escalada, los de vanguardia empezamos a flaquear, al tiempo que Adolfo, sin cambiar de ritmo, se pareaba con nosotros y, cuando apenas quedaba una rampa, la más pina, nos rebasaba para sacarnos enseguida cinco o seis metros de ventaja. Recuerdo que pensé: «Pone cara de que no le cuesta como yo con la bicicleta, pero va molido». Mas, interiormente, me asaltaba la duda y me sentía sin fuerzas para reducir los metros que nos distanciaban: «¿Y si es cierto que no le cuesta?». Desistí de perseguirle. Y mi hermano, a pesar de su deficiente preparación, de su absoluta falta de entrenamiento, coronó los Picones en primer lugar, y cuando llegamos los demás, despernados, jadeantes, los muslos tronzados, nos recibió sentado en una piedra, una pajita entre los labios, sonriendo burlonamente.

—Creí que no llegabais.

Estas lecciones de humildad cuando uno se considera en mejores condiciones físicas, más aventajado y más fuerte que el adversario, suelen encajarse mal. En lugar de regocijarnos de la disposición natural del otro, nos sentimos vejados, disminuidos. Pensamos que ha sido obra de la casualidad y si, por orgullo malentendido, pedimos una revancha, es posible que en lugar de cinco metros de ventaja, nos saquen diez. Mi hermano Adolfo ha sido a menudo el encargado de bajar nuestros pretenciosos humos de campeones. Creo que la anécdota de Cerecinos de Campos la he contado ya en otra ocasión pero no me parece ocioso repetirla. Fue en una cacería de la cuadrilla a la que Adolfo, mi hermano, de paso por Valladolid, tuvo la veleidad de incorporarse. Formalmente apenas había cazado. De vez en cuando, salía un rato a codornices, participaba de algún ganchito de perdiz pero sin periodicidad alguna, sin regularidad. No era desde luego nuestro caso, el caso de mi cuadrilla: cuatro hombres entregados devotamente a la caza, con veinticinco años de experiencia apasionada, convencidos de que lo sabíamos todo. Y sucedió que, reunidos a mediodía en un claro del monte para tomar el taco, una perdiz, procedente de sabe Dios dónde, sobrevoló a la cuadrilla a una altura disparatada. Yo la vi venir con absoluta indiferencia y comenté:

—Mira dónde va ésa.

Pero mi hermano Adolfo se armó en un instante y, en tanto Antonio Merino comentaba, «ni con un cañón», él la tomó los puntos y disparó. La perdiz se hizo un ovillo y se vino al suelo. Nuestra sorpresa fue de tal monta que nos quedamos sin habla: el advenedizo, el inexperto, el aprendiz nos había dado una lección cinegética a los versados; una lección que nunca olvidaríamos.

Pese a la carta del madrileño sedentario, yo he sido un gran propagandista del paseo. Cuando me reúno con alguien de confianza en lugar de invitarle a un café le propongo dar una vuelta. Tengo amigos jóvenes partidarios fervorosos del paseo. Y a los de más edad y menos fervorosos, los de la tertulia sabatina del Hotel Felipe IV por ejemplo, también les llegó mi fiebre proselitista y logré arrancarles por unos días de sus muelles butacones. Los pinares de Valladolid fueron testigos, durante varias mañanas dominicales, de cómo media docena de catedráticos cincuentones, recorrían deportivamente kilómetros y kilómetros hablando de sus cosas. Disfrutaban de la naturaleza y de la alegría de andar. Acababan de descubrir el placer del ejercicio físico sin objeto, es decir, sin objeto expreso, puesto que detrás de estas conversaciones itinerantes, cada cual iba buscando la fuente de la salud.

VIII. El nadador del mínimo esfuerzo

Aunque ha sido un ejercicio que practiqué desde niño y continúo practicándolo a los sesenta y ocho años, nadar nunca fue para mí un deporte competitivo. En los tórridos veranos españoles, cada vez que me sumergía en el agua no era para disputar una carrera, ni para hacer tantos largos de piscina, ni para perfeccionar mi estilo, sino solamente para refrescarme. Si lo traigo, pues, a colación es porque raro será el día soleado de verano desde 1926 a 1989 que haya pasado sobre mí sin bañarme en agua fría. Desde siempre hemos sido unos incondicionales del baño de placer. De ahí que la primera preocupación de los hermanos cada vez que cambiábamos de lugar de veraneo era buscar un río y el acceso adecuado para zambullirnos. En los puertos de mar, la playa nos daba esta cuestión resuelta, pero en los pueblos de la meseta donde pasamos los veranos desde 1930 hasta la guerra, el problema no era tan fácil. Así, recuerdo con cariño, como habituales lugares de baño, la Cascajera de la Tía Pedorra, en Boecillo; la confluencia del Duero y el Cega, en Viana; el Cabildo, en Valladolid; y el cadozo que seguía al puente de Olivares, en Quintanilla de Abajo. Como ya anticipé, durante mis primeros años hasta que alcancé la independencia, mis baños estuvieron cronometrados por mi padre: un solo baño diario de diez minutos de duración. Después, cuando empecé a bañarme por mi cuenta, me desquité. Me metía en el agua tan pronto notaba en la piel las agujas del sol estival y permanecía dentro hasta que empezaban a castañetearme los dientes. Ése era mi cronómetro. Nunca fui un niño obeso, sino flaco, tampoco extremadamente, pero sí de esos a quienes con un poco de paciencia pueden contárseles las costillas. Mi fórmula, entonces, no consistía en permanecer en el agua tres cuartos de hora seguidos (me hubiera muerto), sino una hora dividida en cuatro cuartos, con intervalos para solearme y sacarme el frío de los huesos. Con los años, todavía joven, el bañador mojado me pasmaba el vientre, por lo que empecé a disponer de dos, quita y pon, y según me fui haciendo viejo, esta cifra se elevó a tres, a cuatro y hasta los cinco que tengo ahora. El secreto de este surtido no estriba en comprar muchos sino en no desechar ninguno a despecho de la moda y del qué dirán. El consumismo nunca me ha dominado y en estos asuntos de los taparrabos menos que en ningún otro. Eso sí, desde que dispuse de los pantalones a pares, me acompañé de un albornoz que me facilitaba el cambio de uno por otro sin necesidad de esconderme ni del engorro de tener que buscar una caseta de baño. Hacer resbalar el pantalón mojado hasta los tobillos y ascender el seco muslos arriba hasta cubrirme, sin abrir el albornoz, ha sido un arte que he dominado y en el que se combinan los movimientos de trasero y caderas con la destreza de manos y codos. De lo antedicho se puede colegir que para mí la natación ha sido algo distinto del fútbol, el ciclismo, la caza y la pesca, es decir, nunca una pasión dominante. Cuando leía el *As* o el *Campeón* saltaba las páginas referentes a este deporte como si no fuera conmigo. Desconocía a las grandes figuras y únicamente me detenía un momento ante fotografías de saltos de trampolín, la instantánea inmortalizando a Fulano o Mengano haciendo la *carpa* o el *ángel*. En estos saltos sí encontraba equilibrio y belleza pero no en la acción de nadar a *crawl*. Para valorar al buen nadador no disponía de una medida adecuada, *no entendía*. Me agradaba ver a la gente que se desenvolvía en el agua con soltura, sin chapuzar, sin la menor servidumbre a la técnica. Anteponía la seguridad a la euritmia. En una ocasión, siendo todavía niño, me llevaron a un concurso de natación, cuyos números fuertes eran el *crawl*, la mariposa, y la braza de espalda. Recuerdo que un amigo de mi hermano mayor me dijo:

—¿Te has fijado qué bien nada el número 3?

—Sí —respondí yo sin el menor convencimiento.

—¿Es que no te gusta como nada?

Yo moví la cabeza de un lado a otro y, al fin, confesé decepcionado:

—Es el que más salpica.

Hoy, en la puerta de la vejez, sigo pensando de manera parecida. Las pruebas de natación muestran una violencia de movimientos, una ansiedad respiratoria que me angustian un poco. Los brazos aflorando y sumergiéndose alternativamente (como si cavasen en el agua), los pies propinando puntapiés a la superficie, esa boca ladeada para capturar una bocanada de oxígeno, me producen ahogos. El *crawl* se me antoja un estilo de nadar distorsionado y convulso. Observando a un campeón evolucionando en la piscina, los legos, como yo, apenas percibimos otra cosa que una floración de espuma. Se diría el anuncio de un jabón o un detergente. Está exento de gracia, no hay equilibrio, no hay armonía de movimientos o, si los hay, los ocultan las salpicaduras. Entonces deduzco que lo que yo he admirado siempre en el nadador es el mínimo esfuerzo, la estabilidad: que uno se sostenga en el agua sin empeño, que dé una voltineta, que bucee, que vuelva a emerger, suave, dulcemente, como hacen los raqueros de Nápoles después de recoger la moneda que el turista les ha arrojado a las azules aguas de la bahía. En una palabra, para mí nadar bien equivalía a andar en el agua, a adaptarse a ella, a convertirla por la gracia del bañista en su medio natural. Yo era un gascón. Mi padre me lo había inculcado así y su *formación francesa* había decantado mi juicio al respecto. Algo del abuelo francés influía en la familia, puesto que no sólo mi padre nadaba así (una braza sucinta, fácil, sin sumergir la cabeza) sino que así lo hacíamos todos los hermanos y mis primos Federico y Julián, esto es, todos los Delibes.

Nuestro ideal inexpresado, ahora me doy cuenta de ello, era el nadador-pez antes que el nadador-barca. Desdeñábamos el esfuerzo de los remos, que se notara el impulso. Para nosotros, el buen nadador era aquel que no sacaba del agua más que la cabeza, que no descomponía el rostro, que avanzaba sin mostrar cómo. De este modo, tan pronto la vida me separó de don Julio Alonso, el lobo de mar de Suances, empecé a pasarme al moro, a identificar belleza con seguridad.

Sin embargo, mi miopía, como la de mi mujer, no era tan acentuada como para no darnos cuenta de que tanto nosotros como nuestros hijos estábamos convirtiéndonos en nadadores trasnochados, algo tan anacrónico como si a mi esposa se le hubiese antojado de repente salir a la calle con miriñaque. Urgía cambiar de estilo. Había que aceptar la modernidad, las salpicaduras, la violencia muscular y olvidarnos del nadador-pez, tan sugestivo por otra parte. Era evidente, por poner un ejemplo, que en nuestro tiempo el planeo del azor era menos estimado que el vuelo espasmódico del vencejo. Planear, sostenerse en el aire sin aletear, carecía de mérito, no estaba de moda. El aleteo frenético del vencejo, el esfuerzo continuado, revelaba mejor la condición física del deportista. A esta conclusión llegamos mi mujer y yo tras profundas cavilaciones. Y con ese afán de todos los padres de poner a los hijos en órbita, de impedir que se queden rezagados en alguna faceta de la vida, mi mujer y yo sostuvimos un día una conversación trascendental:

—Eso de la braza parece que ya no está de moda.

—Y ¿qué importa la moda en esto? Lo importante es que los chicos se sostengan en el agua. Se sientan tan seguros dentro como fuera de ella.

—Ya. Pero, nos guste o no, la gente se fija mucho en el estilo. Laura me decía ayer viendo en el agua a los pequeños: «¡Qué graciosos! ¡Tus niños nadan como perritos!». Yo me sentí molesta, la verdad.

—¿Molesta porque tus hijos naden tan eficazmente como los perros?

—Pues sí. Entiéndeme, no es que me parezca mal, pero Chiqui, el niño de los Fernández, que aprendió el año pasado, nada ya como un tarzán. Da gusto verle. Los nuestros, a su lado, unos aprendices.

Por este camino fue entrando en casa la tentación del *crawl*. Las clases de natación aunque caras, iban imponiéndose en la ciudad. Digo caras para los padres cargados de hijos que en los años cincuenta éramos casi todos los españoles. Pero mi mujer, con esa dulzura femenina que tan admirablemente enmascara la testarudez, sugirió un día:

—Podíamos mandar a Miguel con ese Justito que da clases en la Samoa. El niño es inteligente y aprenderá enseguida. Y una vez que aprenda, él mismo enseñará a sus hermanos. Total, por doscientas pesetas que cuesta el cursillo, nos pondremos todos al día.

A la mañana siguiente, mi hijo Miguel se apuntaba en el cursillo de Justito, en la piscina Samoa. Los demás nos bañábamos donde podíamos y nadábamos como sabíamos. A la hora de comer, sin embargo, le asediábamos, reprimiendo nuestra impaciencia:

—¿Te ha dicho ya Justito cómo se meten los brazos?

—Todavía no.

—Y ¿te ha enseñado a respirar?

—Eso es lo último.

—¿Qué has aprendido, entonces?

—A mover los pies. Me ha dado una tabla y he estado todo el tiempo de la clase moviendo los pies. Dice que es lo más importante.

Mi hijo pasó una semana entera moviendo los pies. Se le notaba un poco aburrido de tanta monotonía pero afirmaba que, según Justito, los pies eran los propulsores, el motor del nadador. Pero cuando empezaba a soltarse se acabó el cursillo y nos fuimos todos de vacaciones. Yo no veía el momento de llevar a los niños al Duero, a la Cascajera de la tía Pedorra, para observar los progresos del mayor, pero el primer día que lo hice, le vi tan apurado, azotando el agua tan desatinadamente, boqueando con tal ansiedad, que me lancé al agua a rescatarlo.

—Pero ¿qué te pasa?

—Creí que te ahogabas.

—Tendría gracia que fuera a ahogarme a estas alturas.

Total, que mi hijo no sólo cambió de estilo sino también de vocabulario. Ya no comentaba: «El agua está helada» sino que empezaban a interesarle los movimientos de los pies y los largos de piscina. Pero sobre todo hizo hincapié en algo que era rigurosamente cierto: que bañándonos hoy en un río, mañana en otro distinto y el tercero en el mar, sin la menor disciplina, era preferible seguir nadando como lo habíamos hecho siempre, anteponiendo la seguridad a la estética; que, salvo alguna prueba de resistencia, la natación atlética había que practicarla en la piscina y en una piscina

193

de medidas reglamentarias. Su madre suspiró y dijo:

—Si lo siento es por lo tonta que se va a poner Laura.

En verdad, era el cambio constante de medio, el desvelar las trampas del agua, lo que infundía seguridad al nadador. Yo aprendí a nadar en el mar, pero al verano siguiente me estaba bañando en la Vega de Porras, en la confluencia del Cega con el Duero. Todavía no me desenvolvía en el agua con seguridad y yo mismo delimité el escenario de mis escarceos: un pozo de diez metros de largo por tres de profundidad que atravesaba braceando y, al extremo del cual, me ponía de pie para volver a salvarlo en sentido contrario y ponerme de pie otra vez. La cosa iba bien hasta que de tanto ir y volver me desorienté y, en una ocasión, al intentar incorporarme me hundí en el pozo como una piedra. Una estela de burbujitas acompañó mi inmersión. Pensé que me ahogaba, que demoraba más de un cuarto de hora en tocar fondo, mas cuando llegué a él, hice lo que procedía hacer: pegar una patada, aflorar de nuevo y nadar serenamente hacia la corriente del Cega donde sabía que las aguas eran someras. Estas pozas, la resaca, las corrientes marinas, las grandes olas, las hoyas fluviales, los árboles sumergidos, eran otros tantos obstáculos que el nadador debía aprender a sortear y nunca podría conseguirlo en las aguas quietas, cloradas y azules de una piscina. Escenarios naturales y cambiantes hacen un nadador, no de estilo pero sí eficaz. Y en este punto advierto que me adhería mentalmente a la filosofía de mi padre: No resultaba fácil conciliar la idea de natación con la idea de deporte. Su carácter atlético iba por otra parte. Nadar, para mí, era únicamente útil y placentero.

En la guerra, durante el año que pasé en el *Canarias*, cada vez que fondeábamos en Mallorca se nos autorizaba a bañarnos en la bahía, a una profundidad de centenares de metros. Aquel abismo líquido acobardaba a muchos que a pesar de saber nadar, no osaban hacerlo en un medio tan espeso. Yo, en cambio, me sentía feliz, me lanzaba al mar desde la borda y allí nadaba, o hacía la plancha, o hacía el muerto, o me daba voltinetas, hasta que notaba frío. Era uno de los pocos placeres que deparaba la bélica circunstancia. Y me sentía en el agua tan asentado y seguro como paseando por el Borne; y si algo lamentaba, era no tener mil metros de agua en lugar de quinientos por debajo de mí con objeto de que el mar impulsase mi cuerpo hacia afuera con mayor fuerza todavía. Los compañeros que nos contemplaban desde la borda, ignoraban que *el mar empuja hacia arriba* porque sus experiencias natatorias no habían pasado de las aguas someras de una piscina y el hecho de tener quinientos metros en lugar de tres bajo sus cuerpos les amedrentaba.

Ahora, transcurrida la mayor parte de mi vida, advierto que yo he utilizado el agua —la piscina, el río o el mar— y, en consecuencia, la natación, como un recurso fruitivo, un quitapenas, tras un esfuerzo físico de otro orden, es decir, como complemento. Lanzarse uno a la piscina en una anochecida canicular, después de haber estado cazando codornices durante cinco horas, o tras una partida de tenis o un paseo largo en bicicleta, comporta un placer que no puede compararse con nada. El gozo de una zambullida con el sudor agarrado aún a los poros del cuerpo es la más pura expresión de sibaritismo; una complacencia que raya en el deleite. Y una vez en el agua ¿qué? ¡Ah, nada! Se deja usted estar. Flota como el azor en el aire. Sería un error echarle más fuego al fuego, esto es añadirle ejercicio al ejercicio. Disfruta usted del regalo sensual de que el agua fría le acaricie, entone su carne macerada por el sol y el esfuerzo, abra sus poros. De vez en cuando dará unas brazadas para sentirse vivo, buceará para refrescar su tez requemada, se tumbará de espaldas para recrearse en el cielo abierto, todavía azul, en la bruma falleciente de la tarde. De entre los placeres humanos, este de sumergirse en agua fría cuando se trae el cuerpo ardiente y fatigado es uno de los más completos. Hablo de placer, al margen de las propiedades tonificantes del baño. En una palabra, nunca he concebido el agua como un medio donde ejercitarme, sino al revés: para desquitarme, para aliviar mi cuerpo de un duro ejercicio anterior. Por supuesto me libraré de decir que esto sea acertado (al nadador deportivo, al atleta, mi actitud le parecerá una aberración) pero sí que esto es lo que yo he sacado en limpio de la natación después de sesenta años de practicarla. Los que buscan algo más, una finalidad deportiva a sus movimientos, acuden en invierno a las piscinas climatizadas, a entrenarse. Yo nunca sentí esta tentación. Natación y estío son conceptos que han ido asociados en mi mente. A no ser, naturalmente, en casos de fuerza mayor.

Ahora recuerdo una anécdota muy oportuna para cerrar estas consideraciones: el ahogado de Suances. El bulto flotaba entre dos corrientes, en la desembocadura de la ría, y la gente chillaba, pedía socorro, pero nadie se lanzaba a por él. Yo iba con dos de mis hijos por la orilla del mar cuando oímos los gritos. La marea estaba baja y, detrás del malecón, la arena formaba una playa ocasional donde se bañaban un centenar de domingueros. Desde lo alto del dique vi el bulto inmóvil, balanceándose en las olas; me pareció hinchado, sin vida, y a pesar de mi edad provecta, salté los cuatro metros sin pensármelo dos veces, me descalcé pisándome los contrafuertes de los playeros, me despojé de la camisa y corrí hacia la orilla aflojándome los pantalones. Pero en el instante de quitármelos algo me frenó: ¡la faja! (una faja de lana, color crema, de cuatro metros de longitud, que entonces enrollaba alrededor de mi vientre cada vez que se pasmaba). Me dio vergüenza exhibirla, desenrollarla en público. De modo que me abroché de nuevo la pretina, incapaz de afrontar la rechifla general y, consciente de que no podía perder un instante, me lancé al agua con los pantalones y la faja puestos. Una vez allí, auxiliado por un atezado jayán y una muchacha pizpireta varamos al náufrago en la arena. Inmediatamente surgieron los socorristas espontáneos: un cuarentón hercúleo se tumbó en la playa para que recostáramos a la víctima en sus espaldas, otro insuflaba aire en su boca y la aspiraba después, un tercero le oprimía las costillas y el esternón y, finalmente, un nutrido grupo de bañistas formaba un prieto corro en torno suyo quitándole el aire, decididos, al parecer, a terminar de ahogarle. El vientre, envuelto en la faja húmeda, me punzaba, y como viese que el accidentado iba recuperando el color y empezaba a dar muestras de vida, traté de escabullirme sin llamar la atención de nadie, pero una mujer gruesa, con una bata de percal, que se dio cuenta de mi fuga, me salió al paso.

—Vamos, pero ¿no ha sido usted el que lo ha sacado? —rompió a reír—. ¡Ande que al demonio se le ocurre meterse en el agua con los pantalones puestos!

Fruncí los hombros.

—Ya ve usted, me daba apuro quedarme en calzoncillos.

—Y ¿cree usted que alguien iba a fijarse? ¡Cosa más natural! Al fin y al cabo, usted iba a salvar a uno y no como esas marranas que se tumban al sol tan tranquilas enseñándolo todo, sólo porque sí.

Cuando llegué a casa, mi vientre estaba tenso como un tambor y aunque me metí en la cama y me puse encima dos edredones tardó varios días en reaccionar.

IX. Un cazador que escribe

Ir de caza, salir a cazar, fue mi primera actividad deportiva, anterior incluso a la bicicleta, contemporánea tal vez de la natación y del fútbol como espectáculo. Esta precocidad venatoria llegó a crearme una segunda naturaleza y Santiago Rodríguez Santerbás me definió, con los años, como un cazador que escribe. En efecto, si echo la vista atrás y mi mirada se pierde en el tiempo, me veo, junto a mi padre, en el viejo Cafetín, la erguida silueta de mi hermano Adolfo, hecho un hombrecito, al volante, camino de La Mudarra. En esta época, como se ha visto, yo ejercía solamente de acompañante o, a lo sumo, de morralero. Pero, en fuerza de asistir a los preparativos y a las expediciones cinegéticas de mi padre, llegué a creer que todos los padres, de todos los pueblos, de todos los países del mundo hacían lo mismo: o sea, que no había otra manera de distraer los ocios dominicales que cazando conejos en el monte. Mi afición a la escopeta, antes que una elección, fue, pues, la asunción de un viejo hábito familiar. Más tarde, cuando me quise dar cuenta de que en la vida cabían otras diversiones, ya no hubiese soltado la escopeta por nada del mundo; la caza me había cazado.

Empero, mi agresividad ante la pieza que nos burla con su carrera o su vuelo, se manifestó antes de poder disponer de una escopeta; esto es, fui cazador antes que escopetero. Ya desde niño buscaba un proyectil. Primero fueron las piedras. Desde temprana edad fui un hábil lanzador de piedras; un certero apedreador. Cuando yo era chico estaban muy en boga las pedreas y las diferencias entre pandillas rivales se dirimían a menudo a cantazo limpio. De ahí que el que no lograra ser un diestro apedreador enseguida era relegado por incompetente. Yo me ejercité desde la primera infancia y a los ocho años ya era capaz de lanzar un guijarro a cincuenta o sesenta metros de distancia. Lógicamente no cualquier guijarro; había que tener en cuenta su configuración, su tamaño y su peso. Pero el simple hecho de la elección de piedras ya acreditaba al apedreador nato. Tras la fuerza del lanzamiento, venía la puntería, el ejercicio de puntería: atinar primero a un árbol grueso, después a un poste de la luz y, por último, a una jarrilla de la conducción eléctrica. Una vez aprobado, el apedreador era en mi tiempo un tipo a tener en cuenta. Pero para doctorarse era necesario derribar un pájaro de un cantazo. Esta prueba era inexcusable. Y yo me doctoré, lo recuerdo perfectamente, en 1930 abatiendo una inocente golondrina que picoteaba unos cagajones en el Paseo de Zorrilla, frente a la Academia de Caballería de Valladolid. La hazaña me produjo crueles remordimientos. La golondrina, como la cigüeña, era considerada entonces un ave sagrada. De las golondrinas se decía que quitaron las espinas a Nuestro Señor, en la Cruz, y había que respetarlas. Eliminar al pobre animal de una pedrada constituyó para mí, un niño muy religioso, una pesadilla que se repitió noche tras noche durante largos meses. Ladislao García Amo, sin embargo, un formidable apedreador asturiano que era vecino mío y compañero de colegio, elogió sin reservas mi puntería. Las lisonjas de Ladis atenuaron los reproches de mi conciencia y así conseguí conservar en aquella época el equilibrio síquico. Ladislao García Amo había pasado ya a la segunda fase del aprendizaje: el tiragomas. Pero el tirador de Ladis no era un tirador corriente puesto que en lugar de una horquilla de metal o madera, disponía de una tablilla lisa donde se clavaban las gomas con puntas de tapicero. Y Ladis, cada vez que se armaba para disparar, colocaba el pulgar muy alto, casi en el extremo superior de la tablilla, y la badana con el proyectil, pegada al ojo, de forma que yo, cada vez que lanzaba una piedra, temía que se reventase la yema del pulgar izquierdo o su ojo derecho saliera volando detrás de aquélla. Sin embargo, Ladis disparaba una piedra tras otra y nunca tuvo un accidente. Es más, como el tirabeque de tablilla hacía una puntería muy fina, casi tan certera como un rifle con visor, cazaba gorriones en cantidad. Yo, en aquel tiempo, ejercía de morralero con mi padre, aún no cazaba, es decir, únicamente había cobrado la golondrina de la Academia, y escuchaba las historias cinegéticas de Ladis, con auténtica avidez. Ladis era un elocuente narrador de historias y me describía su pueblo asturiano, con plásticas pinceladas (los prados, las vacas, los hórreos, las camberas) y como sus grandes cacerías se producían en vacaciones de Navidad, la nieve solía jugar un papel primordial en sus relatos. Lógicamente yo aguardaba el regreso de Ladis en el mes de enero con verdadera expectación.

—¿Cazaste este año muchos pájaros, Ladis?

Ladis hacía memoria, fruncía la frente.

—Mira, estas vacaciones, de Nochebuena a Reyes, he cazado cuatro tordas, seis alondras y diecisiete gorriones. Y no cuento un arrendajo que desplumé porque no llegué a cobrarlo.

Yo admiraba a Ladis. Era mi admiración más ferviente en aquellos años. Y envidiaba la topografía asturiana que me describía, y su pueblo, y la fauna de su pueblo, porque brindaban mayores oportunidades cinegéticas que mi ciudad. Esto era tan cierto, que mientras Ladis contaba sus víctimas por docenas yo apenas podía hacerlo por unidades. Y así siguieron las cosas hasta que mi hermano Adolfo y yo empezamos a ir los veranos a casa de los Igea, en Boecillo, una familia amiga de la nuestra. Allí, en el jardín, en las acacias de los paseos, se lograban perchas sustanciosas a poca costa. Felixín Igea se unió con entusiasmo a mis rececho y entre los dos, aprovechando las nidadas nuevas, lográbamos magníficos botines, de forma que ante Ladis mi actitud ya no era solamente contemplativa. Yo ya tenía lances que contar y, a veces, tan importantes como para taparle la boca. No obstante, Felixín Igea, que contaba dos años más que yo y estaba ilusionado con la idea de hacerse hombre, me dijo confidencialmente una tarde debajo de una acacia:

—Esto del tiragomas es un entretenimiento de críos. Cualquier día voy a dejarlo.

Lo decía como si aspirara a quitarse del tabaco, o corregirse de un hábito vergonzoso. Me dejó de un aire, la verdad. Yo estimaba que la mayor prueba de madurez que podía dar un muchacho era su habilidad con el tirabeque. Llevarlo en el bolsillo ya imprimía cierta prestancia. Y, sin embargo, a él le parecía una chiquillada. Para Felixín Igea, el tirador (aunque no lo hubiese dicho tan claro) era denigrante y cazar con él una puerilidad. Y aunque siguió bajando unos días al jardín, yo no podía dominar la melancolía porque pensaba que no lo hacía por gusto sino por complacerme. Mas cuando lo dejó del todo y yo me quedé solo, Ladis no volvió a vejarme con sus hazañas, porque los Reyes me trajeron una escopeta de perdigón de aire comprimido con la que hacía mejor puntería que con el tirachinas.

Con aquella carabina, de culata tostada y

tubo niquelado, disparé millares de perdigones. A calzón quieto, en distancias cortas, resultaba un arma mortífera. Pero, a la
manera de los grandes campeones, yo me
iba proponiendo objetivos cada vez más difíciles y empecé a tirar a pájaros al vuelo.
Naturalmente derribar un pájaro volando
con un solo perdigón era una hazaña. Empero, el año que veraneamos en Quintanilla
de Abajo, salvo salidas esporádicas a bañarnos o a la confitería, puede decirse que
me lo pasé apostado en un balcón de la trasera de casa, disparando balines sobre los
vencejos que acudían en bandadas chillo-
nas, endiabladamente raudos, a esconderse
en los aleros del tejado, donde seguramente
tenían sus nidos o sus refugios. A un blanco
tan veloz, de vuelo caprichoso e irregular,
que además entraba de pico, difícilmente
podía yo tomarle los puntos, por lo que solía disparar al buen tuntún sobre el tropel
que se abalanzaba chirriando contra el balcón donde yo aguardaba. Así disparé más
de mil perdigones, dos cajas para ser exac-
tos, y, en agosto, mediado el mes y mediada
la tercera caja, un plomo de fortuna acertó
a uno de los vencejos que cayó aliquebrado
sobre un cobertizo (una cuadra o una pane-
ra) que se alzaba en el corral, bajo mi balcón. El pobre animal, herido de muerte, se

desangraba sobre las tejas ardientes, y reconozco que sentí un movimiento de piedad, un doloroso escrúpulo ante la muerte inútil que estúpidamente acababa de administrar. Pero mi vanidad cinegética prevaleció sobre mis sentimientos humanitarios, busqué a mi padre y le señalé orgulloso a mi víctima sobre el tejado. Mi padre, hombre de paz, vaciló entre regañarme por aquel cruel estropicio o ensalzar mi puntería. Finalmente optó por esto último:

—¿Con un solo perdigón has derribado un vencejo al vuelo?

Asentí, silenciando que había disparado más de mil perdigones y que llevaba cerca de mes y medio apostado en aquel balcón.

—Entonces, ¿puedes decirme qué vas a hacer el día que tengas cinco años más y salgas al campo con una escopeta grande como la de tu padre?

Encogí modestamente los hombros pero seguí ocultando que se trataba de una chiripa, es decir, que con los ojos cerrados, guiándome sólo por los chirridos de los pájaros, podría haber hecho lo mismo. Ésta fue, pues, la primera sangre inocente que vertí en mis balbuceos cinegéticos y no la pajarota de La Mudarra de que hablé más arriba y que, sin ninguna duda, fue posterior. Y hablo de sangre, puesto que los pájaros que derribaba a cantazos, morían de manera incruenta, conmocionados por el golpe. A Ladislao García Amo, le dejó patidifuso cuando le informé al regreso de vacaciones:

—He cazado un vencejo al vuelo con la escopeta de aire comprimido.

Aquella confesión fue el final de nuestras pláticas, del habitual intercambio de baladronadas cinegéticas. Ladis no podía competir con la carabina de aire comprimido.

Poco a poco fuimos haciéndonos mayores y a los doce años ya cazaba yo avefrías desde el coche, tordos y alguna que otra codorniz con una escopetilla de pólvora de doce milímetros. A los catorce, mi padre puso en mis manos una del dieciséis, de tubos paralelos, con la que abatí mis primeras perdices. Pero cuando la cosa de la caza empezaba a formalizarse estalló la guerra civil. Fue una paradoja sarcástica puesto que, con este motivo, se decretó la prohibición de cazar animales en tanto durase la caza de hombres. En consecuencia, cazar, cazar, no había llegado a hacerlo a los dieciocho años, cuando la guerra concluyó. Y continué sin hacerlo en los años que siguieron por dificultades de transporte. De vez en cuando, subía en bicicleta a la granja de la Diputación, dirigida por Antonio Bermejo Zuazúa, donde se criaba un bandito de perdices apañado y alguna liebre. Si conseguía algo, eran morrales exiguos, de una pieza, dos a lo sumo. Con tan precaria dedicación no era fácil llegar a coger el tranquillo a la perdiz. Recuerdo que en estos prolegómenos, cazando en la finca de la Diputación, a tres kilómetros de Valladolid, derribé una vez una patirroja que fue a caer en el patio del manicomio. Renunciar a una pieza siempre me ha dolido (dejar caza muerta en el campo me parece mayor pecado que matarla) pero en aquellos difíciles comienzos en que bajaba una perdiz cada tres meses, hubiera arriesgado la vida por cobrarla. Así es que lo intenté. Tras denodados esfuerzos logré encaramarme en la tapia del manicomio, erizada de cristales, pero advertí, con la consiguiente desazón, que del otro lado, la maleza cubría el patio hasta los últimos rincones. El lugar donde yo calculaba que había caído la perdiz era un hirsuto pajonal, lleno de cardos, y andaba estudiando la manera de descender (con posibilidad de retorno) para buscarla, cuando apareció por una puerta un muchacho joven que se acercó a la tapia donde me hallaba, se me quedó mirando con ojos hueros y, al verme en una posición tan ambigua, me preguntó cuerdamente:

—¡Eh, tú! ¿Eres de dentro o de fuera?

Yo debería haberle respondido que era de *fuera*, pero merecía estar *dentro*, pero en éstas irrumpió un loquero irritado, dando voces, primero a mi interlocutor, que huyó dando saltos entre los cardos y luego a mí, acusándome de estar alborotando a los internos. De improviso se agachó a coger una piedra y, ante el temor de que me descalabrara, me descolgué por donde había subido, dado a todos los diablos. Los años (casi cincuenta) han transcurrido, y a pesar de las perdices perdidas desde entonces, aquella del corral del manicomio no se me ha borrado de la memoria. Es más, cada vez que la recuerdo me reconcomo porque estimo que no agoté entonces todos los recursos a mi alcance para cobrarla.

Días después, vi a mi padre matar la última perdiz de su vida, revolada por mí, en el extremo opuesto de esa misma ladera. Tendría ya setenta y cinco años o quizá más y se comportó con una sangre fría admirable.

211

La vio venir, repinada, ganando altura, ajeando, pero él, viejo zorro, no se atragantó de perdiz, la dejó doblar un poco para orillarle y entonces se encaró la escopeta, adelantó levemente los caños y disparó. La patirroja se vino abajo como un trapo con gran contento y admiración por mi parte.

—¡Muy bien! —le grité desde lejos. Pero fue él quien se quitó el sombrero de mezclilla, saludando, en homenaje al pájaro muerto.

Total que, entre unas cosas y otras, yo no pude cazar con regularidad hasta que José Antonio Giménez-Arnau, escritor también y entonces alto funcionario del Ministerio de Comercio, me concedió licencia para importar un Volkswagen en 1954. Hizo otro tanto con Josep Vergés, el editor, y otros compañeros y entre nosotros llamábamos a aquellos coches «los Arnau» en agradecimiento a su gesto.

Antes de disponer del Volkswagen, cada año hacíamos dos excursiones inevitables, una al Montico, de los hermanos Monturus, en Puente Duero, a unos kilómetros de Valladolid, y a la Granja de Sardón, de la familia Alonso Lasheras, la otra, un goloso cazadero de perdiz y liebre. En el Montico se me dio la oportunidad de ensayar por vez primera el tiro a tenazón, al conejo, pero no pude llegar a hacerme un virtuoso porque en aquellos días el doctor Delille arruinó la especie inoculándole la mixomatosis. A Sardón nos desplazábamos en un tren mixto, el perro oculto bajo el asiento, y desde la estación al cazadero —una tirada— nos íbamos dando un paseo. La finca de Sardón en los años cuarenta-cincuenta era una perita en dulce. Laderas abrigadas, con mogotes y pedrizas en la base y profundas escorrentías donde la patirroja obligada aguardaba incautamente a las escopetas. Volvíamos de Sardón con buen acopio de piezas, pero había que hacer tiempo en la estación, charlando o jugando al julepe con el jefe, porque el mixto de regreso no pasaba por allí hasta cerca de las nueve de la noche.

El Volkswagen llegó casi al mismo tiempo que mi hermano Manolo de Mallorca para hacerse cargo del taller familiar, con lo que en adelante dispusimos de dos automóviles para nuestras excursiones: el Chevrolet, de la Agencia, para cazatas de cercanías, y el Arnau para desplazamientos largos. El Chevrolet, modelo del 35 (color grisverdoso, mate, capota negra, caja cuadrada), era un superviviente de la guerra con más de 300.000 kilómetros en el chasis. Al poner el motor en marcha, la carrocería temblaba como el esqueleto de un viejo rocín y amenazaba con dejar en el suelo aletas y guardabarros. Pero todavía andaba. Los cazaderos próximos (Renedo de Esgueva, Villafuerte, Villanueva de Duero, Tordesillas, Quintanilla de Abajo, La Santa Espina) los visitábamos con él, mientras el Volkswagen lo reservábamos para otros más distantes (Belver de los Montes, Villa Esther o Riego del Camino). Citar estos cazaderos es evocar la juventud. Y evocar la juventud es recordar una manera de cazar sufrida, dura, austera que, con los años, se fue reblandeciendo sin darnos cuenta.

En aquellos años, el despertador trinaba a las seis de la mañana y a las siete ya estábamos en misa, en la iglesia de Santiago y, a renglón seguido, en la churrería La Madrileña, en los soportales de Cebadería, decidiendo libremente el lugar de la cazata. Aún regía la sugestiva fórmula de hombre libre sobre tierra libre y la caza era todavía un deporte administrado. Los cotos apenas existían y para derribar en lo libre diez o doce perdices y un par de liebres, una cuadrilla no necesitaba recomendación. En suma, la carne, al precio del mercado, daba para amortizar los gastos de la expedición (combustible, comida, cartuchería) y, si

214

uno era un poco amarreta, todavía coleaba un modesto beneficio. En aquella época, comíamos de fiambrera, en el campo, al abrigaño de un carrasco o un talud, haciendo un brevísimo alto en la cacería. Después reanudábamos la mano con renovado entusiasmo y no dejábamos de batir monte hasta que caía la noche. Eran jornadas de 25 o 30 kilómetros, caminatas sobre surcos, baldíos y cascajares, sumamente sacrificadas. El centro de gravitación de nuestra actividad cinegética fue siempre la perdiz roja. Ella era la que provocaba nuestro apasionamiento, la que nos desazonaba y nos impedía dormir las noches de los sábados. La perdiz roja presidía nuestras vidas en aquellos años. No sólo las cazábamos sino que vigilábamos de cerca su apareamiento, su cría, las divagaciones de los bandos, los pollos ya igualones. La perdiz roja se erigía en protagonista de nuestras conversaciones cuando, llegada la veda, salíamos los sábados con nuestras esposas a cenar a Suazo. Y hablábamos de ellas (de las perdices) con tan atormentado amor, con tal admiración, con tamaño entusiasmo («provocativas», «bonitas», «magníficas», «desafiantes», «como para colgarlo todo por ellas», eran nuestros calificativos más usuales), que en cierta ocasión, la mujer de un amigo se en-

215

caró con él, con un brillo de irritación en la mirada.

—¿Puede saberse de quién estás hablando, Manolo?

—De las perdices, claro.

—¿Seguro que hablabas de las perdices?

—Pero bueno ¿qué pasa? ¿Por qué te pones así?

No era fácil convencerlas pero la patirroja constituía la obsesión de la cuadrilla, era el ave de nuestros pensamientos. El resto de las piezas (conejo, liebre, paloma, becada) caían como complemento, cuando arrancaban al ir a buscar aquélla. Al margen de la temporada de perdiz, estaban la de codorniz, patos y avutarda para abrir o cerrar boca. Pero nunca asistimos a una montería, a una batida de caza mayor. De higos a brevas, alguno de mis hijos marchaba a Sedano, al jabalí, pero de ahí no pasaba. Yo, ni eso, siempre he sentido una repugnancia instintiva a apagar los ojos humanizados de un corzo o un ciervo, pero creo que esta aversión, experimentada con más o menos intensidad, era común a todos los miembros del grupo. Y, por otro lado, también nos desagradaba la percha debida al esfuerzo ajeno, esto es el ojeo. Nos placía correr monte y responsabilizarnos de nuestra propia suerte. En una palabra, la perdiz, y su caza en mano galana, era lo que daba sentido a nuestra filosofía venatoria; o lo que es lo mismo, la abnegación: crueles madrugones, taco a la intemperie, regreso nocturno, desafío a los meteoros. En aquellos tiempos apenas mirábamos al cielo la noche del sábado. El domingo había que ir de caza y se iba. El rito se cumplía aunque cayesen chuzos de punta. A la pluma me viene un testigo que puede confirmar cuanto digo: mi amigo y tocayo Miguel Fernández-Braso, que nos acompañó un día con objeto de hacernos un reportaje cazando para no sé qué revista. Nos fuimos con él a Villanueva de Duero y en todo el día no dejó de diluviar. Creo recordar que la *Dina*, la perrita, que acababa de parir, mordió una mano de nuestro invitado al intentar éste acariciar a los cachorros (bien pensado, puede que el del mordisco fuese Eliseo Bayo, que también nos acompañó a Villanueva alguna vez en aquellos años) y, ya en el campo, el aguacero le puso como chupa de dómine y de retirada, por si algo faltara, se cayó una costalada en un ribazo y se rebozó de arcilla hasta las orejas.

Días como éste, o con escarcha, o con hielo o con nieve, eran frecuentes pero no nos hacían mella. Cazábamos con el mismo entusiasmo que bajo el sol y apurábamos la

217

jornada como si fuera a ser la última. Si llovía, ya escamparía, nada fundamental se iba a quebrar por eso. Sin embargo, en ocasiones, sí se quebró algo importante. En los glaciales días de enero del 71, me fracturé una pierna cuando iba tras las perdices al resbalar en un charco de hielo. Las temperaturas eran de 18° bajo cero y en la ciudad no habían salido a la calle ni los autobuses. Tras el chasquido del hueso y el dolor intenso, me quedé inmóvil, voceando, apenas acompañado por los lametones del perro. Mi hermano tuvo que meter el coche por el arenal endurecido para recogerme. De regreso, con la pata rota, por la carretera de las Arcas Reales, vimos a lo lejos un bulto oscuro luchando contra la nevisca.

—Te apuesto doble contra sencillo a que es Fernando Altés.

Mi hermano se echó a reír.

—Y ¿por qué razón tiene que ser Fernando Altés?

Altés era el gerente del periódico.

—Porque, fuera de nosotros, es el único loco capaz de salir al campo con este tiempo.

En efecto, era Fernando Altés, dando su paseo dominical, con el grueso tabardo de campesino.

—¿Qué, no cazáis hoy? —le sorprendía vernos regresar tan temprano.

218

—Miguel se ha tronzado una pata.

Rompió a reír.

—Pues no tiene cara de tener una pierna rota.

Pero sí estaba rota y la broma me costó tres meses de inmovilidad y otros tres de recuperación. Mis paseos, mi bicicleta, mi tenis, mis cazas, mis pescas, mi vida al aire libre en suma, sufrió una dolorosa interrupción. Entonces metí en casa el televisor, me quedé magro como un galgo y se me descompuso el estómago. Todo un repertorio de calamidades.

—Al perro flaco todo son pulgas, ya se sabe.

¿Fue la fractura de mi peroné lo que marcó el inicio de nuestra caída en la molicie? ¿O ésta fue posterior? ¿Cuándo empezamos a enmollecernos? Hoy día, cumplidos los sesenta y ocho, parece natural que hayamos amansado el trote, pero, ¿en qué momento tiramos de la brida? ¿A qué edad se relajaron las condiciones de caza de la cuadrilla? No es fácil precisarlo, establecer fechas. Seguramente en todo esto influyó la disminución de la caza tanto como el envejecimiento de algunos miembros del grupo. Por de pronto, yo era consciente, desde hacía años, de que vivía los postreros momentos de una pasión, de que la caza silvestre se acababa, y no sólo para mí, en los adustos campos de Castilla la Vieja. Por otro lado se produjo el aumento del nivel de vida y con él una cierta propensión a probar de todo. Los cazadores proliferaron. El español quería hacer más cosas de las que hacía pero hacerlas cómodamente, con ayuda de la técnica, ahorrándose esfuerzos y dilaciones. Así, al tiempo que se multiplicaba el furtivo motorizado, la figura del cazador-cazador iba desapareciendo de nuestros campos. La dureza de nuestras cacerías de los cincuenta, sesenta y setenta había pasado a la historia. Todo se hacía ahora más descansado, más confortable, más regaladamente. El enconado duelo con la patirroja no era tan enconado; apenas si era duelo. El despertador ya no trinaba a las seis de la mañana; tampoco se comía a la intemperie sino caliente y a manteles puestos; el cazador dejó de desafiar a los elementos y, si llovía, se quedaba en casa; tampoco apuraba la jornada y a las cinco ya andaba de regreso escuchando el carrusel deportivo por la radio del automóvil. En una palabra, el esforzado cazador de ayer se ablandaba, se aburguesaba, se enmollecía.

—Pero usted sigue en la brecha, ¿no es cierto?

Natural, mire usted. El que tuvo, retuvo.

La claudicación, el retiro de todas aquellas actividades que hemos amado con pasión, es una muerte pequeña. Por otra parte, soy enemigo de adioses, de soluciones drásticas, de medidas definitivas. ¿Por qué no ir desprendiéndonos de las cosas que amamos gradualmente, poquito a poco? La melancolía de la renuncia es provocada a veces por las rígidas imposiciones cuarteleras: deje usted de beber, deje usted de fumar, deje usted de cazar... ¿Por qué no beber moderadamente en las comidas, fumar cuatro o cinco cigarrillos diarios, cazar media jornada? La media ración, he ahí una solución a pelo. La media ración es, por otra parte, la única forma, aunque mitigada, de que uno a los sesenta y ocho años pueda seguir bebiendo, fumando y cazando. A veces, me encuentro en el campo con algun conocido que, al verme, me dice con su mejor voluntad:

—¿Qué, don Miguel, a hacer piernas?

—Mire usted, eso es mucho pedir. A mi edad, me conformo con conservarlas.

Una vez que uno inicia en la vida la cuesta abajo, el problema es ése: conservar. Conservar útiles piernas, arterias, bofes y corazón. Que la artrosis o el infarto no nos dobleguen. Ejercitarnos con moderación: pasear un par de horas diarias, cazar las

221

mañanas de los domingos, pedalear 15 o 20 kilómetros, jugar una partidita de tenis un par de veces por semana... En una palabra, seguir en activo aunque con mesura. A mi juicio, ésta es la receta pertinente para sesentones reacios a enrolarse en una existencia sedentaria, resueltos a no dimitir de una maravillosa vida al aire libre.

Índice

Este libro se acabó de imprimir en
Limpergraf, S.A., Ripollet del Vallès (Barcelona)
en el mes de abril de 1990